EL MERCADO DEL DESEO

EL MERCADO DEL DESEO

Tango, cine y cultura de masas en la
Argentina de los '30

Cecilia Gil Mariño

teseo

Gil Mariño, Cecilia Nuria
El mercado del deseo : tango, cine y cultura de masas en la Argentina de los '30 . – 1a ed. – Ciudad Autónoma de Buenos Aires : Teseo, 2015.
174 p. ; 20×13 cm.
ISBN 978-987-723-039-0
1. Estudios Culturales. I. Título
CDD 306

El presente libro obtuvo el Segundo Premio en el Concurso Régimen de Fomento a la Producción Literaria Nacional y Estímulo a la Industria Editorial Año 2013 del Fondo Nacional de las Artes, género Ensayo, Jurados: María Moreno, Martín Kohan y Damián Tabarosvsky

Fotomontaje de tapa: Zé Vicente

© Editorial Teseo, 2015

Buenos Aires, Argentina

ISBN 978-987-723-039-0

Editorial Teseo

Hecho el depósito que previene la ley 11.723

Para sugerencias o comentarios acerca del contenido de esta obra, escríbanos a: **info@editorialteseo.com**

www.editorialteseo.com

Compaginado desde TeseoPress (www.teseopress.com)

A mi abuelo Amílcar,
por traer a casa el primer proyector Súper 8.

A mi abuelo Jorge,
por llenar de tango las mañanas de verano.

A mi abuela Nilda,
"pícara soñadora" eterna, por todas sus historias.

Índice

Agradecimientos

El presente libro es una versión de mi tesis de maestría en Estudios de Teatro y Cine Latinoamericano y Argentino de la Facultad de Filosofía y Letras de la Universidad de Buenos Aires, defendida en julio del año 2013. Esta publicación ha sido posible gracias al apoyo de diferentes instituciones y personas, que me han acompañado generosamente a lo largo de toda mi investigación.

Este trabajo obtuvo el segundo premio en la categoría ensayo del Concurso Régimen de Fomento a la Producción Literaria Nacional y Estímulo a la Industria Editorial del año 2013 del Fondo Nacional de las Artes. Agradezco enormemente el dictamen del jurado y el apoyo de dicha institución para que este libro pueda salir a la luz. Asimismo, esta investigación no hubiese sido posible sin el apoyo provisto por una beca de postgrado del Consejo Nacional de Investigaciones Científicas y Técnicas de la Nación Argentina.

A un año y medio de ese mes de julio de 2013, al releer estas páginas, vuelvo a reconocer en cada una de ellas las marcas de las largas conversaciones mantenidas con la Dra. Clara Kriger, directora de mi tesis. Quizás pueda parecer un lugar común, pero por común no deja de ser rotundamente cierto: esta investigación ha llegado a este puerto gracias a su mirada crítica, a sus planteos inspiradores, a su seguimiento de cada detalle, y a su contención afectuosa en todo el proceso de investigación. Aunque sé que a ella no le gusta la palabra "deuda", verdaderamente, dichosa he contraído una deuda de la que estoy muy agradecida.

Asimismo, este libro también es deudor de los comentarios y sugerencias de los miembros del jurado de mi tesis, Ana Laura Lusnich, Andrea Matallana y Florencia Garramuño. Sus agudas observaciones y su aliento a la publicación de este trabajo han sido sumamente inspiradores.

También, quiero agradecer el apoyo en los primeros pasos de este proceso por parte de Nora Pagano y de Alejandro Cattaruzza, quienes desde los años de la carrera de grado han sido muy generosos con sus conversaciones, sus opiniones y consejos.

A lo largo de estos años, mi trabajo se vio enriquecido por las discusiones y aportes de colegas en diferentes eventos académicos. A todos ellos quiero agradecer sus comentarios, que contribuyeron a replantear mis hipótesis y generar nuevas preguntas. Entre ellos, quiero destacar los intercambios con Daniel Sazbón, Carolina González Velasco, Alejandro Kelly, Sonia Sasiain, Cristiana Schettini; mis compañeras de ruta, Laura Prado Acosta, Ana Cecchi y Florencia Calzón Flores, y a los participantes del III Taller de Historia Intelectual del Centro de Historia Intelectual de la Universidad Nacional de Quilmes, por tan rica experiencia. Agradezco también la gentil disposición y ayuda de todo el equipo del Museo del Cine Pablo Ducrós Hicken y de la Biblioteca del ENERC en la búsqueda de materiales.

Esta investigación también se nutrió de interesantes conversaciones sobre música mantenidas con Carlos Inzillo y Leandro Donozo, quienes pusieron a disposición tanto materiales como sus saberes y su pasión por estos temas.

Quiero agradecer también las sugerencias y el aliento desde mis primeros escritos y mis primeras exposiciones de José Zanca, Martín Bergel, Mateo García Haymes y Leandro Losada, quienes me acompañan profesional y humanamente con afecto y firmeza.

Unas líneas aparte merece el profundo, invaluable e intraducible agradecimiento a Paula Bruno. Su mirada aguda, inteligente y sensible es fundamental no solo en mi trabajo, sino en los diversos crecimientos de la vida. Me siento muy afortunada por nuestro encuentro.

Este libro terminó de escribirse en Rio de Janeiro, mientras me encontraba realizando un intercambio en la Universidad Federal de Rio de Janeiro. Agradezco profundamente a Diego Galeano por su compañía en el proceso de escritura y su aliento constante para su publicación. Agradezco también a Andy Sala, quien hizo posible que este escrito llegara al Fondo Nacional de las Artes en tiempo y forma, y por acompañarme en el interés por estos temas.

Y a Zé Vicente por sus *colagens*, por compartir conmigo sus realidades insólitas moviendo algunas piezas de los miles de fragmentos de lo que hay. *Obrigada, de verdade. Sempre.*

Agradezco a Marisa y Patricio, mis padres, quienes además del tradicional trabajo de apoyo paterno han tenido el de correctores de estilo de todos mis escritos. Gracias a ellos y a mis hermanos y sobrinos, Demián, Rocío, Ángeles, Valentín y Lola por esperarme para almorzar todos los domingos. Gracias a Manuel Socías y a mis ex compañeros de Generación Política Sur por los extensos debates sobre cómo pensar a las industrias culturales en la actualidad. Los agradecimientos son mucho más extensos que estas páginas, así que por último diré, gracias a los amigos y a los sobrinos del corazón, que nunca saben muy bien qué es lo que investigo pero que me escuchan con afecto. Pero por sobre todo, gracias a todos ellos por hacer de la vida una milonga tan linda y animada.

A mis tres abuelos, a quienes está dedicado este libro, por las historias en blanco y negro.

Prólogo

¡Comprar, leer, oír, mirar, y volver a comprar!
El tango y el marketing del policonsumo de las
industrias culturales de los años treinta

Hace siete años que dejé de tener televisión. No fue una decisión, simplemente dejé de tenerla. Pero nunca hice nada para tener otra nuevamente, ni comprarla, ni pedirla prestada en las múltiples mudanzas de familiares y amigos. Recuerdo que hubo unos meses donde quise hacer bandera de ello, pero duró poco, *a mí en el fondo la tele me gusta, para qué hacerme la excéntrica*, pensé. Pero seguí sin volver a tener una.

A mi hermano aún hoy lo sorprende, ¿por qué una historiadora del cine prefiere ver las películas en el monitor de una computadora? A mis hermanas, grandes consumidoras de novelas y programas de chimentos, las indigna un poco. Gracias a ellas, me mantengo al día de cuáles son los últimos *realities*, los rumores y las figuras mediáticas del momento. *Tele que habla de la tele*, pienso, *un modelo de entretenimiento que gira sobre sí mismo. Ahora la tele que vende, que se consume, es así*, pensaba. Pero, ¿ahora?

No tener tele quizás me hizo, por decirlo de algún modo, académicamente más productiva. Pasé largos meses haciendo archivo en el Museo del Cine y en la Biblioteca del ENERC, revisando las revistas de espectáculos de la Argentina de los años treinta con el fin de recabar todas las referencias que hubiera del tango en las películas de la época. No han quedado demasiadas fuentes para investigar este cine, es por eso que la prensa se vuelve una pieza fundamental. Además, las revistas tuvieron un rol sumamente importante en el delineamiento de los nuevos hábitos de consumo, así como también se convirtieron en una arena donde tuvieron lugar largos debates sobre las cuestiones principales de la industria y el rol que cumplieron la legislación y las disposiciones de la época por parte del Estado.

Quería ver cómo se representaba el tango, y por medio de él a la argentinidad, en un artefacto de la cultura de masas como lo fue y lo es el cine. Sin embargo, y aquí tal vez hayan colaborado tantos años de *tele-represión*, empecé a entusiasmarme cada vez más con las notas dedicadas a los concursos, a las audiciones, a los chimentos de las estrellas, a los detrás de cámara de toda la industria, y hasta fui siguiendo número tras número varios escándalos mediáticos.

Comencé a hacer el ejercicio de pensar cómo *consumían* cine esos porteños de los años treinta. Recordé la libreta de autógrafos de actores y actrices de mi abuela a sus quince años. Ella había recortado de estas revistas una foto del rostro de cada actor y actriz que le gustaba, las había pegado una en cada página y había escrito su nombre, para que allí el artista admirado pudiera dejar su firma, y en el mejor de los casos con alguna dedicatoria con su nombre: *"Para Nilda. Hugo del Carril"*. Partí de la hipótesis según la cual estos tempranos fanáticos del cine y de la radio compraban estas revistas para ver las críticas de los estrenos de cine y enterarse de las novedades de sus ídolos. Mientras leían estas páginas, seguramente se verían tentados por diferentes publicidades y por anuncios que los alentaran a presentarse en la audición de alguna radio, si gozaban del privilegio de tener una buena voz, y así, convertirse en la próxima estrella de la radio y el cine. Algunos pueden haberse visto cautivados por esta ilusión sin dudarlo, otros más tímidos, quizás dudaran. Pero si elegían ver una película nacional de alguno de los cantores o cancionistas de tango dilectos, verían a sus ídolos en roles donde pasarían de mendigos a príncipes gracias al triunfo del tango en la radio y en el mundo del espectáculo. Y tal vez, al salir se animarían a participar de estas audiciones, o por lo menos contribuirían a alimentar una pequeña esperanza de ascenso social. De esta manera, el tango no solo era un tópico de identificación del cine argentino, sino también se tornaba un elemento fundamental de un dispositivo mediático que excedía al cine. *Es como los realities de hoy,* pensé.

Los años treinta son el escenario de la aparición del cine sonoro en el país. Tras algunos intentos de sincronización sonora del cine, la llegada del sistema Movietone hacia 1933 con los estrenos de *Tango!* y *Los tres berretines*, producidas por las flamantes Argentina Sono Film y Lumiton, puso en marcha un proyecto cinematográfico industrial sostenido en la Argentina. En 1932 se rodaron solo dos películas. Al año siguiente, fueron seis. En 1935, la cifra creció a trece, para llegar a 28 en 1937 y 50 en 1939, finalizando la década con 9 estudios y unas 30 empresas que ocupaban casi 4000 personas y 2500 salas (Mateu, 2008).

Paralelamente a la aparición de los primeros estudios locales, a lo largo de la década continuaron instalándose productoras norteamericanas en el país, que ya desde 1916 habían comenzado a abrir filiales para negociar la distribución local.[1] Con el propósito de consolidar un mercado local capaz de competir con la producción extranjera –principalmente aquella proveniente de Hollywood–, productores y realizadores apelaron a diferentes elementos de la cultura popular, tales como el criollismo, el sainete, el género chico, el folletín, el deporte y el tango, para interpelar a la audiencia y delinear los rasgos de un cine nacional.

La cuestión del idioma le abrió al cine nacional las puertas a un mercado nacional y regional, al mismo tiempo que lo posicionó como uno de los dispositivos discursivos

---

1. Fox Film se asentó en 1916, Universal Pictures en 1921, United Artists en 1922, Paramount en 1925, Metro Goldwyn Mayer en 1927, Warner Bros en 1930, Columbia Pictures en 1931, la RKO Radio Pictures-Radiolux en 1934 y Republic Pictures en 1936. En estos años, estas productoras atravesaron un proceso de transformación como resultado del impacto de la crisis económica, por el cual se fueron especializando por géneros para aumentar su rentabilidad.

privilegiados para la transmisión de mensajes acerca del imaginario nacional y su articulación con la cultura popular. Clara Kriger señala que:

> [...] La irrupción del cine sonoro favoreció el crecimiento ininterrumpido de la industria local, dado que la diferencia idiomática se convirtió en un problema para Hollywood y en un punto de partida para las cinematografías periféricas, que además podían ofrecerle al público las caras de las estrellas consagradas en la radiofonía. (Kriger, 2009: 27)

Esta novedad técnica lo volvía más accesible para los sectores populares y le permitía ocupar cierto rol integracionista, al mismo tiempo que homogeneizador, en relación a los grupos inmigrantes. Debe recordarse que en la década del treinta, como resultado del cierre de la era aluvial y la llegada de migrantes rurales –producto de la crisis del modelo agroexportador en el marco de una crisis internacional y del impulso al desarrollo industrial como respuesta a la caída de las importaciones–, rápidamente se reconfiguraron los sectores populares urbanos y la fisonomía de las ciudades. En particular, en la ciudad de Buenos Aires se registra para ese período la aparición de las villas miserias y una nueva diferenciación entre las áreas más ricas y las más pobres de la ciudad. Al mismo tiempo, la inversión estatal en infraestructura, como parte de las políticas intervencionistas, dio lugar a remodelaciones y construcciones que reforzaban el carácter moderno de la capital porteña. El nuevo gobierno militar que había llegado al poder por medio de un golpe de Estado y que se mantuvo en él por medio del fraude político, delineó un ideario cultural que fue de gran importancia en los conflictos que la industria tuvo para construir los rasgos de un cine nacional en la cultura de masas.

En la apropiación de los universos temáticos de la cultura popular, el tango tuvo un lugar destacado por su fama local y su proyección internacional. Ya desde los inicios del cine, el tango tuvo protagonismo. El cine local en el período silente traspuso en imágenes el "cosmos maniqueo y cerrado inspirado en el folletín sentimental y en las letras de tango" (Paladino, 2002: 59). En el mundo, esta presencia estuvo marcada por el éxito internacional de los filmes del bailarín Rudolph Valentino. Desde 1912, se registran otros ejemplos como *Max, proffeseur de tango*, con el actor francés Max Linder, o los primeros cortometrajes de Charles Chaplin, donde en algunos baila efectivamente el tango y en otros aparece la palabra "tango" en el título, aunque no hay ningún baile similar. No obstante, a partir del estreno de *Los cuatro jinetes del Apocalispsis*, en 1920, el baile de Valentino da a luz al mito fundacional de la imagen del baile de tango en el mundo. De este modo, el tango se constituyó, por un lado, en una marca de identidad cultural argentina para el cine silente, y por el otro, en uno de los vectores de la popularización y nacionalización de los primeros filmes sonoros argentinos.

Para estos años, las industrias culturales en su conjunto no solo crecieron en escala, sino también fortalecieron un proceso de convergencia industrial que retroalimentó el crecimiento de todas las industrias del entretenimiento. Esta convergencia de medios se tornó en una pieza fundamental para el delineamiento de las estrategias comerciales por parte de estos empresarios. Así, se consolidaba un círculo virtuoso de consumo de masas que buscaba formar un espectador y consumidor ideal, en el marco de un proceso de modernización de las formas culturales nacionales. La convergencia implicaba tanto un cambio en el modo de producción como de consumo de los medios.

Por un lado, esta interrelación contribuyó a la conformación de un sistema local de estrellas que recorría los diferentes productos. El número de publicaciones orientadas a darles visibilidad pública aumentó notablemente, y se convirtió en un eslabón importante en el diseño de políticas de producción. Por el otro, esta articulación de la radiofonía, el cine y las revistas habilitó el desarrollo de otro tipo de estrategias orientadas al reclutamiento de "nuevos talentos", por el cual se apelaba a cada lector-oyente-espectador como la posible nueva estrella del momento. Las representaciones del tango en el cine coronaron la convergencia intermedial al presentar a las estrellas en diversos formatos y al reforzar los símiles de ascenso de la audiencia.

Jesús Martín Barbero señala que las masas se reconocían a sí mismas a través de los medios porque éstos intervenían en una serie de mediaciones que les permitían tener cierto espesor cultural. Era en el discurso de masas donde lo nacional - popular se hacía reconocible por las mayorías y los medios masivos se transformaban en voceros de un populismo que las convertían en pueblo y en nación. Asimismo, estas imágenes del tango ligadas a la industria cultural colaboraron a enlazar la idea de modernidad y argentinidad. De este modo, frente a otros elementos de la cultura popular, el tango aparecía como una marca de identidad nacional moderna.

Empero, la apropiación del tango por parte del cine no fue un proceso unívoco, sino que por el contrario, expresó un escenario complejo y poli-significativo sobre los sentidos de la argentinidad.

A partir del análisis de películas, notas publicadas en diferentes revistas del espectáculo, y la legislación nacional y municipal del período, este libro busca articular el campo de la historia cultural y el de los estudios de cine para analizar las representaciones del tango en estas primeras producciones cinematográficas, no solo en función de su rol para la nacionalización del cine argentino y la modernización y masificación de las formas culturales en la Argentina, sino también en relación a su lugar en la construcción de un dispositivo mediático más amplio. Con este propósito, en primer lugar, el trabajo se aboca al estudio de la convergencia industrial como parte de las políticas de producción y desarrollo del cine. Es decir, ¿de qué modo influyeron los modelos de producción de las otras industrias culturales, en particular de la radio?, ¿cuál fue el rol del Estado frente a la iniciativa privada?, ¿por qué el cine habla de la radio?, ¿en qué medida esta interrelación colaboró con la construcción de imágenes de la argentinidad ligadas a la modernidad?, ¿cuál fue la función del tango para la popularización y masificación del cine argentino?

La segunda línea de análisis trata el lugar de las películas hispanas de producción nacional y norteamericana tanto en el mercado local como regional. Con el advenimiento del cine sonoro, los estudios de Hollywood también desarrollaron una producción destinada a conquistar a las audiencias hispanohablantes. Las películas protagonizadas por Carlos Gardel para el sello Paramount son muy tempranas y coetáneas de los primeros experimentos sonoros del cine argentino. ¿Cómo se configuró el tango como marca de lo argentino en las producciones nacionales y en las estadounidenses? ¿Cuál fue la posición de la industria a través de las revistas especializadas de cine de la época? ¿Cuál fue la perspectiva estatal en la elección del tango como elemento de la argentinidad para el mercado interno y exterior?

En tercer lugar, el trabajo indaga sobre un par de lecturas para las representaciones del tango en las películas nacionales. La primera es la relación entre las industrias culturales y los símiles de ascenso social para los sectores medios y bajos de la sociedad de los años treinta. El mundo del espectáculo se presentaba como una nueva carrera abierta al talento. El pasaje geográfico-simbólico del tango desde el arrabal y el cafetín a la *broadcasting* en estas películas construye una idea de popularización de las vías de ascenso socio-económico, diferente a las tradicionales de la oligarquía. ¿Cómo contribuyó el cine para la modernización de la representación del tango, que ya venía siendo utilizada en otras industrias culturales? ¿Cuáles fueron las particularidades de este dispositivo?

Otra clave de lectura trata sobre la noción de "generación". La diferencia generacional, en varias producciones de la época, vehiculizó las transgresiones y rupturas de los nuevos hábitos de la cultura de masas del período, poniendo de manifiesto las tensiones de la modernidad argentina. En este sentido, resulta productiva para analizar la articulación entre lo tradicional y lo moderno en la construcción de identidades y en las imágenes de ascenso social. Los conflictos entre los padres y los hijos, alrededor de las valoraciones del tango como carrera profesional, daban cuenta de las transformaciones socio-políticas de la Buenos Aires de los años treinta en la construcción de una síntesis moderna para la identidad nacional. ¿Cómo se incorporaron el melodrama y la comedia a los nuevos códigos urbanos, frente a los idearios conservadores que propugnaba la elite política y social?

Las regulaciones estatales y las posiciones de las diferentes revistas de cine se constituyeron en elementos importantes a la hora de realizar y exhibir estas películas. El Estado, en vistas del crecimiento de esta industria cultural y su potencial para llegar a un público masivo, sancionó las primeras normas para la regulación del campo cinematográfico y creó el Instituto Cinematográfico Argentino. Además, la legislación municipal de la ciudad de Buenos Aires promulgó la creación de una Comisión Asesora del Contralor Cinematográfico y la regulación de la Inspección General de Espectáculos que controlaría la exhibición y los criterios de censura y establecería las disposiciones para el fomento de la producción cinematográfica nacional. Desde una matriz nacionalista y católica entendían que el Estado debía velar por el respeto de los valores morales en los filmes de la época. Kriger subraya que la posición del Instituto

> [...] estaría orientada a dirigir la producción local, con la idea de generar un cine de arte, ligado a la defensa de valores religiosos, folclóricos e históricos, en detrimento del cine de "muchedumbres" que producían los "comerciantes" locales sobre la base del tango y del melodrama. (Kriger, 2009: 28)

¿Cómo fueron las relaciones de estas primeras producciones con el Estado? ¿Bajo qué condiciones socio-culturales se estrenaron?

Tango y cine nacional

Desde sus inicios, los estudios sobre el cine argentino se enfocaron en el lugar que tuvo el tango en el cine nacional. Tempranamente, los primeros investigadores pusieron sus ojos sobre su recurrencia como tema en los filmes de los directores más prolíficos de la época, los debates que suscitó en la prensa y la configuración de un sistema de estrellas a partir de sus figuras principales. Desde el campo del periodismo, Domingo Di Núbila, Jorge Couselo, José Mahieu, entre otros, fueron desarrollando investigaciones que durante generaciones marcaron las líneas de análisis.

Historia del Cine Argentino, de Di Núblila, publicado en 1960, se convirtió en un texto fundacional que propuso una periodización determinada para los estudios de cine. Aunque es necesario tener en cuenta –como remarca Clara Kriger– que el interés por los problemas de la industria como problemas políticos, se pensaba "[...] en términos de las intenciones de los actores sociales, sin relacionar la problemática de la industria del cine con otras industrias, ni con la estructura general de la economía y la política local e internacional." (Kriger, 2011: 95).

Jorge Couselo también fue uno de los pioneros en trabajar sobre el rol del tango y los universos porteños en el cine de los años treinta. Su obra sobre el "Negro" Ferreyra (1969) y su trabajo sobre el tango en el cine –en el octavo tomo de *La Historia del tango* de la editorial Corregidor (1977)– buscaron indagar cómo estos primeros realizadores argentinos fueron construyendo una estética determinada para el cine nacional.

Estas investigaciones pioneras han sido muy valiosas para los estudios posteriores que fueron avanzando en cuanto a la complejidad de interrogantes y en la exploración de distintas esferas de interacción con otras disciplinas. En los últimos años, en el estudio de las representaciones culturales e imaginarios sociales, el campo de los estudios de la imagen fue cobrando cada vez más importancia en la historiografía cultural argentina y se ha visto enriquecido con diferentes aportes multidisciplinarios. Estos objetos de estudio comenzaron a ser pensados en relación con la esfera de la política y con las prácticas sociales, así como también la historia cultural los incorporó como nuevos ejes discursivos donde se construían estos imaginarios. Por otra parte, en el campo de la historiografía de los estudios de cine argentino, en los últimos decenios, han irrumpido textos con lecturas más complejas que dan lugar a contradicciones que iluminan el campo de una manera más dinámica, y que permiten la interrelación con las demás esferas de la sociedad, con la política y con el campo cultural.

Para pensar la representación del tango en el cine se ha de intervenir en diferentes espacios de discusión. Este campo contiene estudios que pensaron el tango como fenómeno social y cultural, trabajos que analizaron desde esta misma perspectiva el cine e investigaciones que ya han incursionado en los cruces entre el tango y el cine, ya sea desde la historia cultural, los estudios de género o bien desde la acción de los géneros cinematográficos.

Un lugar destacable en esta investigación tiene el trabajo de Florencia Garramuño que, a partir de los géneros musicales, busca pensar la idea de nación en la Argentina y en Brasil. El estudio de Garramuño pone en relación el tango y el samba con el cine para preguntarse por el proceso de nacionalización de este último y los vínculos entre la nacionalización y la modernización de las formas culturales en América Latina. La autora plantea la paradoja de la *modernidad primitiva*, por la que no existiría una separación dicotómica de ambos términos, dado que, más que adjudicar su proceso de canonización a una suerte de saneamiento del tango y el samba, éste responde a la elaboración de un "[...] carácter 'primitivo' y sensual de esos productos como una marca de la modernidad más atildada" (Garramuño, 2007: 40).

Otro de los aportes destacados sobre los cuales se asienta este ensayo es la idea de que el cine funciona como asimilador de la modernización al mismo tiempo que como espacio de refugio. Elina Tranchini en su trabajo sobre el criollismo en el cine plantea que éste se constituyó como un nuevo eje discursivo que siguió proveyendo al primero de imágenes que contribuyeron al delineamiento de la identidad nacional y tuvieron un rol homogeneizador con respecto a los sectores populares nativos e inmigrantes.

Por último, continúa siendo de cabal importancia el trabajo de Beatriz Sarlo para el análisis del campo cultural argentino y del desarrollo de las industrias culturales a la hora de pensar los imaginarios modernos argentinos de la década. Sarlo (1997) remarca el pasaje de una audiencia de aficionados a un público de masas y el valor del efecto democratizador de fenómenos como la radio. Estas mismas industrias culturales buscaron delinear un modelo pedagógico para las clases medias y populares y reforzar los "ideales maravillosos" que representaron la radio y el cine para consolidar el mercado cultural y del entretenimiento.

Siguiendo las tesis por las que el cine se configura como un espacio de asimilación y contención de las transformaciones socio-culturales de la modernidad, y como uno de los medios principales que delinearon la cultura de masas, una primera hipótesis de trabajo plantea que el sistema de producción de las industrias culturales de los años treinta –convergencia de medios articulada principalmente por el tango– cumplió un rol fundamental en la configuración de imágenes de la argentinidad de carácter moderno, popular y masivo, como parte de sus estrategias comerciales. Una segunda hipótesis propone que las producciones argentinas se apropiaron de las fórmulas de éxito hollywoodenses en cuanto al rol del tango en los filmes para la conquista del mercado hispanohablante, pero mientras estos últimos aglutinaron el tópico del tango en una marca hispanohablante común, las películas nacionales buscaron diferenciarlo en pos de canonizarlo como marca de una argentinidad moderna.

En este sentido, esta investigación se dirige a estudiar cómo el cine no solo se apropió de la retórica extemporánea del tango y los sainetes de los años veinte, sino también cómo construyó imágenes del tango asociadas a las industrias culturales y al entretenimiento en general –principalmente la radio– que recrearon símiles de ascenso social para los sectores populares y medios de la Argentina. Una tercera hipótesis de este estudio propone que estas narrativas cinematográficas colaboraron con un imaginario de popularización de las vías de ascenso social. Estos filmes retomaron las ideas del origen y el ascenso socioeconómico propias del tango pero con ejemplos exitosos, consolidándolo como una nueva carrera abierta al talento. Si bien la figura del artista asalariado había aparecido en los años veinte, el tango, junto con el deporte, pusieron en escena relatos que se diferencian del melodramático ascenso social por las vías matrimonial o de profesiones liberales. Por último, se analiza cómo los conflictos generacionales frente a la valoración del tango como profesión y modo de vida en estas películas articularon elementos tradicionales y modernos poniendo de manifiesto las particularidades de la modernidad vernácula argentina.

Cultura de masas e industria cultural en las imágenes de la nación y la modernidad

Este trabajo retoma las discusiones en torno a la cultura popular y a la cultura de masas de los estudios culturales. Desde sus inicios, la Escuela Británica buscó dejar de lado la noción de una audiencia pasiva y abordó el análisis de diversos objetos culturales de la cultura de masas y los medios de comunicación, superando los estudios que se anclaban en la distinción entre la baja y la alta cultura (Kellner, 2001). La idea de una audiencia activa proponía que ésta, a través de la decodificación de textos, produjera sus propios efectos de sentido sobre lo popular no siempre alineado a las lecturas dominantes. Así, el análisis de estos procesos de producción de sentidos se enmarcaba dentro de estudios que echaban luz sobre las relaciones de poder en el campo cultural, lo que en términos gramscianos se entendía como hegemonía y contrahegemonía cultural. Los dominadores incluyen o excluyen diferentes bienes simbólicos, según reglas y valoraciones de lo bello y lo feo, lo distinguido y lo vulgar, por lo que las prácticas y juicios culturales funcionan como factores de integración y exclusión (Bourdieu, 1989).

Hacia los años ochenta se produce una valoración de los estudios de la cultura masiva para pensar las prácticas culturales populares. Frente a una imagen de la cultura de masas como instrumento del mercado gobernada por imperativos, Douglas Kellner (2001) evita los problemas ideológicos de las etiquetas de lo popular o lo masivo utilizando el término *media culture* –cultura de los medios– para el estudio de los objetos culturales generados por el desarrollo de los medios de comunicación. Lo propone como un concepto más expansivo que bifurcativo para considerar las diferentes mediaciones que existen en los procesos de lectura de la audiencia.[2] Estas posturas remarcan que las apropiaciones no siempre se corresponden con formas de resistencias a los intereses hegemónicos, sino más bien, que existe un uso de los objetos culturales, más allá de los efectos manipuladores de ciertos tipos de la cultura masiva. En esta misma dirección, Jesús Martín Barbero propone, por su parte, que tampoco existe una mera alienación de las indus-

---

2. Kellner plantea "[...] cómo los textos son fabricados dentro de un contexto de una política económica y un sistema de producción cultural, así como también las audiencias están formadas por una variedad de instituciones sociales, prácticas, ideologías y los usos de los diferentes medios de comunicación." (Kellner, 2001: 399). La traducción es mía.

trias culturales, sino que se produce una compleja trama de lecturas en los procesos de circulación cultural, "[...] no toda asunción de lo hegemónico por lo subalterno es signo de sumisión como el mero rechazo no lo es de resistencia [...]" (Barbero, 1987: 87). Este autor también señala que el público latinoamericano asistía al cine más que para soñar, para aprender los nuevos códigos de costumbre, "[...] el público se fue reconociendo y transformando [...]" (1987: 180). En esta dirección, este trabajo se propone indagar, desde la perspectiva de la producción de las industrias culturales, cómo las imágenes del tango en el cine se vincularon con la convergencia de los diferentes medios para apelar a un espectador que iba adquiriendo nuevas costumbres y cómo estos productores cinematográficos buscaron comprender y delinear sus formas de consumo.

Estos enfoques sobre la producción cultural permiten pensar los procesos de configuración identitaria de un modo constructivista. Esta perspectiva propone una relación de contingencia donde la Nación es una construcción de los actores sociales, un discurso abierto que se corresponde mucho más con su coyuntura y que no es a-histórico. Benedict Anderson (1991), en su libro *Comunidades Imaginadas*, percibe la idea de Nación como una estructura cognitiva. La Nación, entonces, se correspondería con una comunidad imaginada que provee una cantera de sentidos que, dada la extensión territorial de los Estados modernos, permite compartir una identidad común. Ernst Gellner subraya que el nacionalismo es la respuesta de las sociedades modernas para fortalecer la cohesión cultural (Delanty, 2001). El nacionalismo, así, se constituye como el principal medio de homogeneización cultural. Desde una perspectiva estructuralista este autor explica la construcción del nacionalismo decodificado por la elite, como una falsa resolución de los problemas de la modernidad, es decir en relación con su contexto socio-estructural, pero tal como remarca Gerard Delanty, esta conceptualización no considera la autonomía del campo cultural y de los actores sociales, que en muchas ocasiones modifican las construcciones culturales para mantener límites simbólicos con respecto a otros grupos.

Para echar luz sobre la complejidad de las imágenes de la nacionalidad de una sociedad, es necesario entonces un análisis que contemple los elementos discursivos para la producción de imaginarios que circulan en un contexto socio-histórico determinado, atendiendo a los diferentes actores sociales y que, al mismo tiempo, considere los procesos del campo de la cultura vinculados pero no determinados por los procesos políticos.

Es interesante destacar, también, que los estudios sobre los nacionalismos más recientes han puesto el foco en los procesos de construcción de identidad desde abajo, y no solo desde las elites. En esta misma dirección se orienta esta investigación. Si bien, como se mencionó anteriormente, se posiciona en el plano de la producción, a partir del análisis de los discursos que circularon en filmes, revistas y la legislación de la época se busca discutir las imágenes de la identidad nacional a partir del tango en el cine y su carácter popular, masivo y moderno.

Se ha dicho que la idea de conflicto en estas películas se articulaba a partir del juego entre lo tradicional y lo moderno, vehiculizada por la idea de generación, así como también por la oposición campo-ciudad –o bien, centro-barrio–, propia del campo cultural e intelectual del período. Este modernismo vernáculo, esta *modernidad periférica* –por retomar uno de los trabajos más significativos del período, como el de Beatriz Sarlo (2007)–, será analizada en su especificidad para estudiar las particularidades de estas imágenes cinematográficas. ¿En qué medida los conflictos generacionales planteaban las contradicciones de esta modernidad híbrida, periférica, primitiva? ¿De qué modo la tradición y la modernidad hallaron una síntesis generacional que permitiese la conciliación sin un recambio?

Es cierto que el uso de la categoría "modernidad" puede presentar algunos inconvenientes por su carácter polisémico, y los diferentes usos que se hicieron de la misma a lo largo de la historia, así como también por cierta imprecisión del término que le permite funcionar como aglutinante de diversos aspectos de la realidad social. Sin embargo, si se delimita su sentido en correspondencia con cada coyuntura, se torna una categoría interesante para el análisis de las transformaciones sociales.

Raymond Williams (1973) plantea que la idea de modernidad puede entenderse a partir de la dicotomía campo-ciudad a lo largo de la historia, y que las relaciones entre ambos términos varían según los contextos históricos. Así, los tiempos modernos están marcados por la ciudad y las veloces transformaciones urbanas, ya sea caracterizadas positiva o negativamente. Este espacio urbano fue percibido por la literatura inglesa del siglo XIX como una experiencia transformadora, como un nuevo tipo de sociedad donde se daba una serie de nuevas relaciones físicas y sensoriales. El énfasis en la idea de ruptura, de lo nuevo, y de la moda, ha llevado a que en el campo de los estudios culturales, lo moderno esté ligado al escenario urbano. Las valoraciones del mismo alternarán entre una visión idealizada del pasado y un presente acelerado y tecnificado representado en la figura de la ciudad, por momentos atomizadora y peligrosa, y una suerte de fascinación por la misma también.

Para el caso del escenario cultural de la Buenos Aires de los años veinte y treinta, Beatriz Sarlo presenta el término *modernidad periférica* donde plantea la existencia de una *cultura de mezcla*, en la cual:

> [...] coexisten elementos defensivos y residuales junto a los programas renovadores; rasgos culturales de la formación criolla al mismo tiempo que un proceso descomunal de importación de bienes, discursos y prácticas simbólicas. [...] La modernidad es un escenario de pérdida pero también de fantasías reparadoras. (Sarlo, 2007: 28)

Este libro ha sido estructurado en tres capítulos. El primero busca presentar el escenario de la industria cinematográfica en relación con el desarrollo de la radiofonía y las publicaciones de la prensa de cine, para indagar de qué modo el proceso de convergencia industrial –valiéndose principalmente del tango– fue una pieza fundamental para las estrategias comerciales de los empresarios del cine en la configuración de un modelo de producción rentable. Asimismo, a partir del análisis de la prensa y la legislación de la época, este capítulo estudia el lugar del Estado frente a las iniciativas privadas para intentar reconstruir parte de los contextos de producción y preguntarse sobre los modelos posibles para las industrias culturales de los años treinta.

Por su parte, el segundo capítulo está orientado al estudio del rol del tango como cantera de sentidos de la argentinidad, tanto en las producciones nacionales como en las películas de Hollywood para el mercado hispanohablante. A partir de los debates en la prensa especializada y las representaciones fílmicas en películas argentinas y estadounidenses, se busca analizar la configuración de marcas de identidad cultural para el mercado local e hispanoamericano, y su contribución a la construcción de una idea de argentinidad de carácter moderno. En relación a las imágenes estudiadas, este capítulo propone explorar los modos de configuración del espacio en estas películas para el delineamiento de la identidad nacional.

Finalmente, el último capítulo está enfocado al análisis de la producción y el consumo de imágenes de la argentinidad y la modernidad desde el tango en las películas nacionales de la década. A partir de los textos fílmicos y las publicaciones señaladas anteriormente, se explora de qué manera la modernización de las imágenes del tango en el cine –ligadas principalmente a la radio– puso en escena al mundo del espectáculo como vía de ascenso social en los imaginarios colectivos frente a las formas de ascenso de la oligarquía. El pasaje geográfico-simbólico del arrabal y el cafetín a la *broadcasting,* además, proveyó marcas de lo nacional de carácter popular y masivo. El cine, la radio y la música, al ser accesibles a públicos no letrados, fueron los espacios privilegiados de las imágenes populares.

El cine de la época colaboró a acrecentar esa experiencia sensorial de hiperestímulos que constituyeron las grandes transformaciones urbanas de las primeras décadas del siglo XX, y que significó un gran cambio en la vida cotidiana de todos los habitantes de las grandes ciudades. Éste fue un elemento fundamental en la creación de nuevas fascinaciones y sueños de estos primeros *fans*, en tiempos donde los deseos rápidamente encontraban su precio en el mercado.

1

Detrás de cámara

Convergencia de medios y estrategias comerciales de la industria del cine argentino

En los años treinta, el cine se afianzaba como uno de los entretenimientos populares por excelencia. El costo de sus entradas era más bajo en comparación a otros consumos culturales, y además la novedad técnica del sonoro lo volvía más accesible para los sectores populares. El cine sonoro ampliaba el público, integrando a analfabetos y a inmigrantes que aún no leían fluidamente en español.[3] Para 1939, los números del *Heraldo del Cinematografista* seguían arrojando la predilección por las películas de Hollywood en los cines del centro, y en los cines de barrio una preferencia por las películas nacionales.[4] La "oralidad" del cine sonoro –lo mismo ocurría con la radio– lo vinculaba a la esfera de lo popular.

Además, es interesante remarcar que el gran crecimiento del decenio en la ciudad de Buenos Aires se registró en el número de locales de cines-teatros y no en el de cinematógrafos. La Revista de Estadística de la Municipalidad de Buenos Aires señala que esto se debió a la autorización municipal de representar números de varietés en los cines-

_____

3. Karush señala que para el año 1939 el 30% de las proyecciones en los cines del centro de la ciudad de Buenos Aires eran argentinas, mientras que en los cines de barrio eran del 53%. (Karush, 2007: 300).
4. *Heraldo del Cinematografista*, 31 de mayo de 1939, año IX, N° 409.

teatros.[5] En los años veinte el promedio de estos locales era
de 19. Para los años 1931 y 1932, el número creció a 48, llegando a 53 en el año 1937, y manteniéndose estable a lo largo del período. En este sentido, este aumento de los cines-
teatros gracias al género del varieté marca la persistencia
de un modelo de entretenimiento popular donde coexisten
diferentes lenguajes. Con respecto a los cinematógrafos, el
promedio de la década es de 90 locales y más de 9 millones
y medio de concurrentes. Aunque esto no se traduce directamente en un crecimiento del consumo de la industria del
cine nacional, ya que en la exhibición convivían la producción argentina y extranjera, puede decirse que el aumento
de la concurrencia y de la recaudación municipal por los
derechos de espectáculos, donde el cine tenía el primer
lugar –casi el 50% del total–, demuestran el fortalecimiento
de su lugar como entretenimiento popular.

Se ha dicho que en esta década las industrias culturales
no solo crecieron en escala, sino que, además, una de las
novedades del período fue la consolidación de un proceso de convergencia industrial y del impulso de estrategias
comerciales que favorecieron el desarrollo de un círculo
virtuoso de consumo. El surgimiento de distintas emisoras
radiales, la diversificación de los programas y emisiones, el
desarrollo de un mercado editorial masivo, el crecimiento
de la industria discográfica y la aparición de numerosas
publicaciones destinadas al entretenimiento y a estas mismas industrias, implicaron un cambio en el modo de producción y de consumo de los medios.

El impacto de la tecnología sobre los ambientes comu-
nicativos transformó las prácticas de consumo del entretenimiento[6] al mismo tiempo que llevó a los empresarios
de estas industrias a delinear un espectador-oyente-lector
ideal consumidor de todos estos productos. En este sentido,

---

5. Revista de Estadística de la Municipalidad de Buenos Aires, año 1933, págs.
95 y 96.
6. Tal como propone la perspectiva de la Escuela de la Ecología de Medios.

la convergencia industrial no solo se trató de los intercambios o puntos de contacto entre una y otra industria cultural, sino que también designó un modelo de producción específico, percibido por parte de los empresarios del cine como el más rentable para aquellos años, entre las diferentes alternativas disponibles.

El concepto de "industria cultural", desde su aparición, suscitó una agitada discusión en el mundo académico. Esta noción fue abordada de diferentes maneras y aún presenta varias dificultades a la hora de pensar una teoría única sobre las industrias culturales, así como también para delimitarlas como objeto de estudio al comprender una gran diversidad de actividades ligadas a la comunicación y el entretenimiento. Este trabajo se propone pensar el desarrollo de las industrias culturales a partir de una concepción que no sea una experiencia de mera alienación sino que considere las diferentes mediaciones existentes en los procesos de lectura de la audiencia.

En este sentido, Patrice Flichy, al estudiar los recorridos de los pioneros de la cinematografía estadounidense y francesa, explica que a pesar de que la burguesía de fines del siglo XIX no quería usar sus innovaciones con fines de divertimento, la necesidad de invertir también en bienes de consumo llevó a las empresas de tecnología a esos mercados. Es por ello que los primeros mensajes que registraron los fonógrafos fueron discursos políticos. No obstante, prontamente, la radio y el disco comenzarían a llamar a las estrellas del teatro y la canción. Esta evolución del tipo de mensajes difundidos por las tecnologías audiovisuales fue buscando imponer nuevos usos en el público. Quienes tuvieron más éxito fueron aquellos que se inspiraron en diversos elementos de espectáculos y *loisirs* preferentemente populares como la canción de ópera u opereta, el melodrama histórico, el teatro ilusionista, entre otros.

Para los casos de las industrias discográfica, cinematográfica y para la radiofonía, el autor plantea que la transformación de la innovación tecnológica en mercancía se efectuó en el pasaje de una matriz compuesta por tres elementos: la articulación entre las diferentes ramas industriales y el lugar innovador frente a ese conjunto de actividades; el acceso al mercado de bienes de consumo en el marco de la gran industria naciente; y por último, el modo en el que esas tecnologías son situadas en relación con otros modos de entretenimiento (Flichy, 1991). El estudio de este autor remarca la multiplicidad de interconexiones que tienen lugar en el desarrollo de las industrias culturales, así como también la importancia del proceso de convergencia de medios para la obtención de resultados exitosos, que se señalaba anteriormente.

La radiofonía y la industria cinematográfica se constituyeron en las dos instituciones más importantes de los medios de comunicación de masas en las primeras décadas del siglo XX. Michele Hilmes, en su estudio *Hollywood and Broadcasting. From radio to cable*, plantea que la industria del cine jugó un rol central en la evolución de las estructuras económicas, en la programación y en los patrones de distribución en la *broadcasting* en los Estados Unidos, porque Hollywood, desde inicios de los años veinte funcionó como su alter ego, su principal rival y colaborador.

Los *golden ages* de la radiofonía −entre 1927 y 1947− también representaron para Hollywood un crecimiento tal que convirtió a sus películas en un estándar y un símbolo a nivel internacional. Con la llegada del sonoro, se abrieron entre los dos medios nuevas posibilidades de competencia y colaboración.

Por un lado, en la década del treinta, el relajamiento en las restricciones a la publicidad provocó que "[...] los programas patrocinados ('sponsored') dominaran las ondas radiofónicas, y Hollywood se convirtiera en un componente importante de la estrategia de publicidad de la radio."[7] (Hilmes, 1990: 2). Si en 1928 solo un cuarto de la programación de una cadena como la NBC dependía de sponsors comer-

---

7. La traducción es mía.

ciales, a partir del cambio de década y al convertirse la radio
en un negocio rentable, las agencias de publicidad comenzaron no sólo a apoyar diferentes shows sino también a
producirlos con estrellas de la industria cinematográfica.
Por el otro lado, Hollywood comienza a vislumbrar las posibilidades de promoción de sus filmes en el nuevo medio,
al mismo tiempo que se intensifican los intercambios de
talentos e historias. "[...] Después de 1938, la aparición de
talentos de Hollywood y Broadway en la radio, y viceversa,
se transformó en un evento tan corriente, que se convirtió
en la regla más que la excepción."[8] (Hilmes, 1990: 65).

No obstante, esta amistad provocaría las protestas de
otros sectores de la industria y de los medios de comunicación. El sector de los exhibidores y la prensa realizaron
una campaña para favorecer a la industria del cine y pidieron recurrentemente la intervención estatal para la radio,
a la que percibían como su principal amenaza. En 1936,
reclamaron ante la oficina de Will Hays la regulación de la
aparición de las grandes estrellas en la radio.

El involucramiento en la producción radial por parte
de los estudios fue una pieza clave para el desarrollo de
varios de los géneros más perdurables en radio. Hollywood
desarrolló cuatro tipos de programas en la radiofonía. El
primero era el *variety special*, que se basaba en la estructura estándar de los vaudevilles, una mezcla de música,
comedia y diálogo que combinaba un elenco de grandes y
menores estrellas. El segundo tipo de emisiones fueron las
series dramáticas, algunas fueron adaptaciones de Broadway, mientras que otras fueron escritas, de manera original, por radio-dramaturgos que aprovecharon el potencial
publicitario de *big names* de la industria del cine. El tercero
fue la aparición de los primeros programas de columnas
de chismes que rápidamente fueron un suceso, y que para
los estudios significó una forma de publicidad gratis. Por
último, la cuarta manera de injerencia en la programación

---

8. La traducción es mía.

radial estuvo dada por las adaptaciones de películas para la radio. Quizás uno de los shows más populares haya sido *Lux Radio Theatre*. Éste comenzó con radio-versiones de los espectáculos de Broadway, pero a partir de 1936 se inclinó hacia las producciones de Hollywood. El 1 de junio de ese mismo año, debutó la adaptación de *The legionnaire and the Lady* con Clark Gable y Marlene Dietrich. La popularidad y prestigio de este tipo de programas llevó a que la actuación de las grandes estrellas en la radio fuese no solo aceptable, sino una deseable parte de las estrategias de promoción de las películas. Parte del atractivo del programa consistía en la charla informal con los actores luego del show.

En el plano nacional, tal vez debido a la existencia de una fuerte competencia extranjera como la norteamericana, las relaciones entre los medios de comunicación funcionaron de modo algo diferente. Los trabajos de Mathew Karush (2012) y Andrea Matallana (2006) sobre estas industrias muestran la importancia de la marca de lo nacional como parte de las estrategias comerciales de las industrias culturales locales. Karush señala que a diferencia de la industria discográfica y el cine, la radio no estaba dominada por las empresas norteamericanas, sino que se abría como una arena lucrativa para las pequeñas empresas. Dos años después de la primera transmisión de radio en la Argentina −el mítico 27 de agosto de 1920 cuando, desde la terraza del Teatro Coliseo, los "locos de la azotea" transmitieron *Parsifal* de Wagner− se registraban mil receptores. Hacia 1936, este número había crecido a la cifra de un millón y medio. Durante los años veinte, la radiofonía se mantenía inmune a la competencia extranjera y a las restricciones por parte del Estado. Estos empresarios fueron inmigrantes o hijos de inmigrantes con modestos "backgrounds" financieros que ocuparon espacios vacantes para hacer negocios y que se orientaron a satisfacer las demandas del mercado cultural de masas.

La situación era sumamente diferente para el cine cuyo mercado estaba fuertemente controlado por las compañías extranjeras que para 1931 tenían en sus manos el 62% de la distribución de películas del país (Karush, 2012). Además, esta presencia norteamericana profundizó los conflictos de interés entre el sector exhibidor y el de la producción. La apertura de un mercado hispanohablante con la llegada del sonoro alentó a que empresarios nacionales –menores si los comparamos con los grupos económicos más importantes de aquel entonces– se aventurasen a invertir en la industria. Se ha dicho que a partir de 1932 –año en el que se ruedan dos películas– el crecimiento es progresivo, y el decenio termina contando con 9 estudios, unas 30 empresas que ocupaban casi 4000 personas y 2500 salas (Mateu, 2008). La apelación a los elementos de la cultura popular, en especial el tango, fue una de las primeras estrategias para conquistar el mercado local y regional, tanto para los estudios nacionales como para Hollywood. La industria norteamericana también se había percatado de esta situación y a través de la figura de Carlos Gardel comenzó a desarrollar una producción para el mercado hispanoamericano.

Es por ello que es preciso considerar otro tipo de factores para el desarrollo cinematográfico de la década en el país, además de la cuestión del sonido. ¿Por qué comenzaba a ser percibido el cine como un ámbito rentable de inversión, o por lo menos, posible de aventurarse a hacerlo? Sobre todo si se tiene en cuenta la reorientación a la industria discográfica de Max Glücksman y la quiebra de Federico Valle –dos de las principales figuras del medio en la década del veinte–. En tal sentido, esta investigación busca analizar el escenario de convergencia industrial y la situación del resto de las industrias culturales, en particular la de la radio.

Por un lado, es probable que la articulación de la industria cinematográfica con la de la radiofonía haya permitido a estos empresarios potenciar sus posibilidades comerciales y acrecentar sus ganancias. Algunos de estos hombres de negocios venían propiamente de la radio, como el caso de Enrique Susini. Éste fue uno de los pioneros en materia de experimentos radiofónicos, formaba parte de los "locos de la azotea". Al comenzar la década del treinta, vendió con sus socios en una suma importante su compañía radiotele-gráfica, venta que seguramente lo proveyó de capital para las primeras inversiones en el cine y la creación del primer estudio del país, Lumiton. En 1934, Francisco Cana-ro, Juan Cossio y Jaime Yankelevich fundan la Productora Cinematográfica Argentina Río de la Plata, con la dirección artística de Eduardo Morera. Yankelevich también era uno de los hombres más reconocidos del ambiente radiofónico en los años veinte. Por su parte, Ángel Mentasti, antes de fundar Argentina Sono Film, había trabajado en el negocio de la distribución para varias compañías extranjeras, y no contaba con un holgado capital de inversión. Por idea de Luis José Moglia Barth se embarcó en la producción de *Tango!* y en la creación de "la Sono". No obstante, otros empresarios llegaron desde los rubros más diversos, y las sociedades que formaron estas primeras empresas conte-nían personajes muy diferentes entre sí. En el entramado de las diferentes industrias culturales, el crecimiento de la radio y el cine también tuvo un efecto económico "derrame" sobre otras de distinta índole, como la del libro. Los trabajos de Jorge Rivera y Eduardo Romano plantean la importancia del cine y el radioteatro como terreno de profesionalización para los escritores.

> [...] El cine, por cierto, constituye un campo propicio tanto para los escritores como para la misma literatura argentina, ya que una parte significativa del material rodado es adap-tación de novelas y cuentos [...] esos quince o veinte años de próspero desarrollo del cine nacional [...] convocarán o estimularán la participación de muchos escritores, come-diógrafos o poetas talentosos, que encontrarán en el nue-vo medio una forma de expresión o un campo profesional de características inéditas y en muchos casos materialmente tentadoras. (Rivera, 1981: 588)

Rivera agrega que el nacimiento de estas figuras profesionales tuvieron la capacidad de fijar sus propios cánones "[...] al margen frecuentemente, de los modelos y prejuicios de la denominada cultura 'superior'" (Rivera, 1981: 592). El autor subraya el especial interés de la emergencia de los letristas de tango que van de la bohemia a la profesionalización, inmersos en un sistema productivo que integra orquestas, bailes, giras, grabadoras, editoriales, revistas, cancioneros, radiotelefonía y que cuenta con un aparato de control gremial muy sofisticado encargado de regular las relaciones artísticas, profesionales y crematísticas entre creadores y usuarios como SADAIC, para un mercado popular tangible. Esta multiplicidad de posibilidades ampliaba las oportunidades laborales y dotaba de prestigio estos nuevos empleos.

Este diagnóstico, si bien se subraya que encuentra sus años de esplendor en la década del cuarenta, permite dar cuenta de las múltiples interconexiones en estas industrias en diferentes niveles, la producción, el consumo y el empleo. Rivera subraya los recorridos multifacéticos de figuras como Homero Manzi y Enrique Santos Discépolo. Esos itinerarios vitales demuestran un escenario dinámico y en ebullición, de gran riqueza para la producción cultural.

Radio, cine, Estado y el modelo posible

Existe cierto consenso sobre la importancia de las estrellas de la radiofonía en el éxito de los primeros filmes sonoros nacionales. En esta dirección, a diferencia del intercambio "equilibrado" entre ambas industrias en los Estados Unidos, donde tanto la una como la otra eran proveedoras de talentos, e intervinieron mutuamente en sus producciones, en la Argentina la relación no fue tan equitativa. La industria cinematográfica nacional creció de la mano de la radiofonía para consolidarse en el mercado local; entre ambas fueron acrecentando y articulando un círculo virtuoso de consumo que fortalecía y alentaba el desarrollo mutuo. Mas, el cine no buscó tener una injerencia directa en la programación radial, ni alentó la actuación de sus estrellas en ese medio como modo de promoción de sus filmes, porque la mayoría de sus artistas habían cultivado su fama, en primer lugar, en estos espacios –la popularidad del tango, cantores y cancionistas tuvieron como correlato la presencia de números musicales en la mayoría de estas películas–. Recién hacia finales de la década del treinta, la radiofonía pensará en las posibilidades comerciales de llamar a estrellas del cine para sus emisiones. Este intercambio desigual en el inicio podría relacionarse con una situación más precaria frente a la radio y con la competencia de Hollywood.

La percepción de la prensa de aquellos años también estableció una suerte de jerarquía entre la radio y el cine. *Cine Argentino* –revista creada en 1938 por Ángel Díaz–, en su primer año de vida, publicó una nota titulada "Una deuda que se cobra. La radio es ahora quien quita al cine elementos de popularidad". Ésta hacía mención de famosas parejas y estrellas de cine que se incorporaban a la radiofonía para actuar ante el micrófono de Radio Prieto, como por ejemplo Mecha Ortiz y Floren Delbene. Agregaba que:

> [...] Cuando el cine quiso enriquecer el mundo de sus imágenes con nuevas incorporaciones, halló campo propicio para sus búsquedas en la radiotelefonía [...] El cine iba ganando voces familiares al público y aportaba imágenes nuevas [...] Y como lógica consecuencia de este movimiento, la radiofonía, que se situaba en considerable desventaja, trató por todos los medios de detener el traspaso.[9]

Aún más dura para con la radiofonía y con el teatro también, es esta nota de la misma publicación que afirma que:

---

9. *Cine Argentino*, 15 de diciembre de 1938, año I, N° 32, págs. 30 y 31.

[...] Es innegable el poder de sugestión que tiene la cinematografía. En Buenos Aires puede advertirse ello en todos los
órdenes de la vida. El auge del teatro no ha producido este
fenómeno. Ni siquiera lo ha producido el imperio misterioso
de la radiotelefonía, que poco a poco va perdiendo prestigio,
absorbida de manera indubitable por esta nueva industria.
En todas partes se habla de cine [...].[10]

Carolina González Velasco, en su trabajo sobre el mundo del teatro en la sociedad porteña de los años veinte
–*Gente de teatro. Ocio y espectáculos en la Buenos Aires de los
años veinte* (2012)– señala que los empresarios de teatro
desarrollaron diversas estrategias y fórmulas para la conquista del público frente a otros entretenimientos. Existía
una importante organización de la actividad teatral por la
que se confeccionaba una programación por secciones con
diferentes funciones por día para diversificar la oferta y
aumentar la venta de entradas. Asimismo, tenía lugar un
gran dispositivo de comunicación y publicidad que iba desde la prensa, los anuncios y volantes a la "claque", que se
trataba de espectadores contratados para aplaudir, reír o
llorar en determinadas partes de la obra de teatro, para
obtener una buena crítica en la prensa.

A partir del análisis de las obras de teatro del período,
la autora da cuenta de cómo el tango comenzó a ocupar un
lugar de relevancia en estas estrategias de publicidad de sus
espectáculos. Remarca que en 1918, cuando la Compañía
Muiño-Alippi decide montar un auténtico cabaret con la
orquesta típica de Roberto Firpo, en *Los dientes del perro*,
una obra de José González Castillo y Alberto Weisbach y
que se interprete el tango *Mi noche triste*, realiza una apuesta
arriesgada, ya que el tango para la fecha era asociado con la
mala vida, las drogas y la prostitución. Estas piezas teatrales
comenzaron a configurar una imagen de un cabaret para
un público de sectores medios con tangos de amor. De este

---

10. *Cine Argentino*, 19 de mayo de 1938, año I, N° 2, págs. 30 y 31.

modo, comenzó a ser cada vez más frecuente su inclusión, al punto de escribirse obras de teatro con el fin de estrenar un nuevo tango. El tango no era el único, ya que la presencia de otros ritmos musicales norteamericanos como el jazz y el shimmy también empiezan a tener gran relevancia. González Velasco señala que el anuncio de las orquestas en los volantes y afiches permite observar la importancia creciente del tango como elemento de publicidad del espectáculo. De este modo, el tango como fórmula de venta y articulador de diversos consumos culturales ya se hallaba presente en la década precedente al auge de la cinematografía nacional.

Con respecto a la radio, Andrea Matallana (2006) señala que entre 1925 y 1935 la programación musical –con el tango como el estilo más importante– representaba un 70%, y que a partir de esa fecha se incrementan los radioteatros y otro tipo de programas para las diferentes audiencias, muchos de ellos con fines educativos. La autora señala que estos radioteatros se hallaban dentro de la tradición folletinesca y el género chico, con sus propias compañías. De este modo, más que a tejer algún vínculo directo con el cine, estos se enmarcaron en una larga tradición de cultura popular. Jesús Martín Barbero (1987) también remarca que el radioteatro en la Argentina fue un espacio de continuidad entre las tradiciones culturales y la cultura de masas. Para el autor, su éxito se debió no tanto al medio de la radio, sino a la mediación establecida con la tradición cultural del circo criollo y el folletín gauchesco. Barbero agrega que en sus inicios los radioteatros no tenían demasiado argumento y, en general, se conformaban con presentar diferentes canciones, payadas, etcétera, y que a partir de 1935 empezaron a vincularse más estrechamente con las compañías de teatro.

La radiofonía había crecido de manera importante en los años veinte, de la mano de las nuevas demandas de información y entretenimiento de los centros urbanos. Frente a esta situación, el Estado comenzó a sancionar las primeras regulaciones para la radio en el país. Estas primeras reglamentaciones demostraron la falta de definición de un modelo económico para la radio, una fuerte concentración de la industria en la ciudad de Buenos Aires y suscitaron el enfrentamiento entre los intereses de quienes velaban por un modelo "a la americana", de propiedad privada financiado por publicidad comercial, y los de quienes preferían uno "a la europea", con explotación oficial o semioficial, a través de un canon aplicado a los propietarios de las emisoras, o bien, aplicado a los oyentes.

Los permisos y habilitaciones, en los primeros años, fueron otorgados por el Ministerio del Interior por medio de la Dirección General de Correos y Telégrafos. A partir de 1922, la Municipalidad también comenzó a otorgar permisos para los radiodifusores locales. El surgimiento de nuevas radios fue modificando el panorama y a fines de ese mismo año, Radio Cultura consigue:

> [...] un permiso de la Municipalidad porteña que los habilitaba para intercalar "anuncios de propaganda estrictamente morales [...] que no podrán exceder el 30% del total del tiempo en que funcionen las instalaciones, salvo el caso de espectáculos radiales, conciertos, etc., en que sólo podrán destinarse a la publicidad, los intervalos y los quince minutos subsiguientes a la función", siendo la primera vez que la normativa contemplaba la publicidad en el nuevo medio. (Agusti y Mastrini, 2009: 36)

María Sol Agusti y Guillermo Mastrini (2009) señalan que, en 1923, funcionaban cuatro radios y tres sistemas de explotación diferentes: mantenida por sus dueños, sin publicidad ni subvención, mantenida por el comercio de aparatos receptores, y financiada por publicidad. La figura de Jaime Yankelevich, hacia fines de la década, fue la que instaló el modelo financiado por anunciantes y orientado al entretenimiento. La producción se concentraba en Buenos Aires con la estrategia de consolidar un *star system* local que consagrara a las figuras del radioteatro, a través de una estructura fuertemente oligopólica, dada la precariedad económica y técnica. Los radioteatros y los programas de fútbol y tango eran los que atraían más audiencia, y por ende, más auspiciantes. A fines de los años treinta, este modelo había triunfado. De las 42 estaciones radiales, 21 se hallaban en Buenos Aires –lo que provocaba que un 39% del territorio nacional no tuviera alcance de la radiodifusión–, y 40 estaban financiadas principalmente por la publicidad.

En 1924 se sanciona el primer Decreto de Radiocomunicaciones. Sucesivamente, fue ampliado en 1925, 1928 y 1929 para incrementar la intervención estatal en cuanto a la regularización del funcionamiento de las estaciones radioeléctricas, el otorgamiento de licencias y el control sobre los contenidos. Con respecto a este último punto, se establecía el valor cultural de la radio y la necesaria mesura de la publicidad. La censura temática se reforzó en otro Decreto del año 1933 del Poder Ejecutivo Nacional.

En esta misma dirección, en 1938 se formó una Comisión de Estudio y Reorganización de los Servicios de Radiodifusión para el diagnóstico de la estructura de propiedad, la infraestructura, la programación y las relaciones laborales de la radiodifusión. El trabajo de Alicia Korth sobre este informe señala que el grueso de la grilla estaba signado por la mentalidad mercantil. Las estaciones proponían una grilla que repetía fórmulas exitosas, sobre la cual los funcionarios opinaban que se asistía a una

> [...] lamentable subversión del sentido estético y moral del pueblo, provocada por la radiotelefonía, que ha consagrado la popularidad de una literatura y de un teatro irremisiblemente bastardos. [...] se relega al patriotismo a una burda sofisticación. (Korth, 2009: 60)

Según el informe, esta mentalidad mercantil era consecuencia de la presión de los auspiciantes. La publicidad representaba entre 18% y 28% de la grilla de programación, y ésta condicionaba la calidad de los programas. Para esta

Comisión, el problema era que los empresarios no veían a la radio como un vehículo cultural, y por eso proponían la creación del Instituto de la Radiodifusión.

El problema principal era que el Estado no contaba con fondos públicos para invertir y sostener la actividad radiofónica, o bien el interés no era tal como para hacerlo y resignar otras inversiones. Asimismo, las propuestas de la Comisión no tuvieron demasiada repercusión, por un lado, debido a las divisiones políticas existentes, y por el otro, por el poco apoyo del sector privado (Korth, 2009). En este sentido, el modelo financiado con publicidad, a partir de una programación que apelase a los *berretines* populares como el tango y el deporte, así como también a partir de la consagración de un sistema de estrellas, quizás no fue el único posible, aunque sí fue el único capaz de proporcionar ganancias en el corto plazo y de diversificar los negocios de estos empresarios que buscaban minimizar riesgos y maximizar sus recursos.

Este fue el modelo que se replicó en el cine en los primeros años del sonoro, y esta convergencia fue un factor fundamental para el desarrollo de ambas industrias porque permitió responder a una necesidad concreta de la industria que era la falta de capital. No hay otro capital que las estrellas. Con el pasaje al cine, éstas se revalorizaban, convirtiéndose en la mejor carnada para los anunciantes publicitarios radiales. Para el cine, los elencos estelares se traducían en éxitos de taquilla asegurados. La publicidad cinematográfica apareció años más tarde, en 1938, de la mano de Kurt Löwe, fundador de la empresa Emelco y del noticiario con el mismo nombre. Para esta fecha, tras varios años sin aparecer en la pantalla –luego de la quiebra de Valle y la reorientación empresarial de Glücksman–, comenzaron a resurgir los noticiarios cinematográficos como el de Emelco, *Sucesos Argentinos* y *Panamericano,* entre otros. La publicidad debió haber sido otra fuente de ingresos importante para estas empresas; de todos modos, en 1943 la Subsecretaría de Prensa y Difusión comenzó a regularla, y en

1948 el Decreto que prohibió la publicidad comercial en el cine terminó por hacerla declinar como vía de financiamiento, dando lugar a otro cine posible.

De esta manera, la intervención del Estado en estas dos primeras décadas, más que motorizar la industria o regular su funcionamiento, se orientó principalmente a los aspectos morales. Esto fue así tanto para los gobiernos liberales del radicalismo de los años veinte, como para los conservadores de la "década infame". Es decir que con el cambio político de un decenio al otro, no hubo un giro en las políticas comunicacionales, aunque sí se pasó de reglamentaciones normativas a otras de carácter restrictivo, así como también a lo largo de los años treinta fue creciendo la inquietud de intervenir en las industrias culturales por parte del Estado.

Las críticas estatales por el contenido de las películas nacionales, sobre todo las ligadas al tango, eran recurrentes. El Estado, también, observó el potencial del cine para llegar a un público masivo, y sancionó las primeras normas para la regulación del campo cinematográfico y la creación del Instituto Cinematográfico Argentino. Desde una matriz nacionalista y católica se entendía que el Estado debía velar por el respeto de los valores morales en los filmes de la época. Kriger subraya que la posición del Instituto "[...] estaría orientada a dirigir la producción local, con la idea de generar un cine de arte, ligado a la defensa de valores religiosos, folclóricos e históricos, en detrimento del cine de 'muchedumbres' que producían los 'comerciantes' locales sobre la base del tango y del melodrama" (Kriger, 2009: 28).

La creación del Instituto fue sancionada en septiembre de 1933, pero recién en 1936 el presidente Justo decretó su organización. Matías Sánchez Sorondo, el presidente de la Comisión Nacional de Cultura de ese entonces quedó a cargo del proyecto. Al poco tiempo nombró a Carlos Alberto Pessano, crítico de cine y director de la revista *Cinegraf,* como director técnico.

Un análisis de la legislación cultural de la década del treinta expresa la intención moralizante y educativa de las leyes nacionales y las ordenanzas municipales de la ciudad de Buenos Aires. Desde las ordenanzas para la creación del Teatro Popular, para proporcionar al pueblo diversiones gratuitas sobre la "base de espectáculos moralizantes y educativos", la creación de una Orquesta Popular Municipal de Arte Folklórico, hasta los premios a obras teatrales y novelas "de alto nivel artístico y cultural", el espíritu de la época buscó establecer una fuerte censura a todo espectáculo que "por su lenguaje, acciones o argumentos sean ofensivos a la moral y las buenas costumbres".[11]

Es importante señalar que durante estos años, el Estado orientó hacia el ámbito rural los cánones culturales nacionales. La figura del gaucho se beatificó y en 1939 se sancionó el 10 de noviembre como el Día de la Tradición en homenaje a José Hernández, autor de *Martín Fierro*, reforzando, de esta manera, el universo de la pampa y del folklore para la constitución de los valores nacionales. Alejandro Eujanián y Alejandro Cattaruzza plantean que hasta esta década, el Estado se encontraba relativamente ajeno a la exaltación gauchesca, pero que hacia mediados del decenio se produce un nuevo consenso entre diversas tradiciones culturales, políticas e ideológicas que asociaron al gaucho con la nacionalidad, ya que la mayoría de estas leyes fueron votadas por unanimidad. Los autores remarcan de modo sumamente interesante que tanto la izquierda socialista o comunista, como la derecha católica y cultural, se apropiaron de esta figura y produjeron diversas lecturas del *Martín Fierro*, incluso más allá de los círculos intelectuales y del

---

11. Ordenanza S 9-XII-910, art. 198. "Queda prohibido en los teatros, cafés cantantes, cinematógrafos, gabinetes ópticos y demás espectáculos públicos, la representación de toda obra o exhibición de cintas y vistas, que por su lenguaje, acciones o argumentos sean ofensivos a la moral o a las buenas costumbres…".

público culto. El gaucho se transformaba en una de las claves de la definición de la tradición nacional (Cattaruzza y Eujanián, 2003).

Así, estas programaciones radiales y estos filmes podrían considerarse en muchos casos como parte de una resistencia a los procesos de identificaciones hegemónicos. En este sentido, es importante retomar la idea de Karush que sostiene que la cultura de masas es un espacio proveedor de elementos identitarios fundamental, y que en más de una ocasión entra en tensión con el Estado, o bien con los intelectuales y las vanguardias (Karush, 2012).

A nivel municipal, en la ciudad de Buenos Aires, en 1934, el Intendente falló por una Comisión Honoraria Asesora de Contralor Cinematográfico, destinada a cooperar con la Inspección General de Espectáculos, en la visación de las películas a ser exhibidas en locales públicos. Estaba compuesta por él mismo, el Inspector General de Espectáculos, un representante del Departamento Nacional de Higiene, un representante de la Asistencia Pública, dos representantes del Ministerio de Justicia e Instrucción Pública, dos representantes del Consejo Nacional de Educación y un representante de las empresas productoras o distribuidoras de películas. Esta Comisión tenía como tarea la clasificación de las películas y la exclusión de aquellas no aptas para exhibir. Las revistas no tardaron en pronunciarse frente al acontecimiento. Como se verá más adelante, éstas tuvieron un rol sumamente destacado en los debates de la industria y en la configuración de las estrategias comerciales. *Heraldo del Cinematografista* –publicación orientada al gremio exhibidor dirigida por Chas de Cruz– se posicionó de manera muy crítica a la medida que entendía como una limitación a la industria, así como también tildó de ridículo el involucramiento del higienismo social en estos asuntos.

A la reglamentación de ordenanzas orientadas a la censura se sumaron otras tantas que tenían como fin la regulación de las prácticas del entretenimiento. Éstas establecían las normas de comportamiento y orden en los espectáculos, se prohibía la entrada de personas en estado de ebriedad y desaseo, los gritos, arrojar papeles u objetos, hasta entrar con bultos a las salas.[12] Un tercer grupo de normas estaba constituido por las políticas de fomento que alentaran el saneamiento de las creaciones artísticas que considerase que podían hallarse fuera de sus cánones –aspecto que se tratará en el capítulo siguiente–. En este sentido, se abrieron concursos para composiciones como el tango canción, vals canción, rancheras, milongas, entre otras. Pero se especificaba que "si bien las letras de las canciones, dado su carácter popular, admite la natural licencia en la creación poética, ella deberá expresarse en un lenguaje que, dentro de lo común, excluya terminantemente toda palabra perteneciente al léxico del arrabal".[13]

La voz del Estado en materia de cine también puede rastrearse a partir de las páginas de *Cinegraf*. Fue la voz más manifiesta contra los tópicos tomados por el cine nacional para definir sus rasgos y para mantenerse en las salas. La línea editorial de la revista trazaba una división tajante, tanto cultural como de clase. Esta publicación de la editorial Atlántida ve la luz en 1932. Silvana Spadaccini resalta que la revista sirve "[...] como ejemplo y registro del pensamiento de la burguesía de una época, [...] en la conjunción de la información más bien banal de su contenido y de la fuerte postura conservadora de sus editoriales y comentarios" (2003: 68). Al inicio, *Cinegraf* planteó una posición con el cine nacional sumamente crítica por considerarlo vulgar, con groseros recursos comerciales y que atentaba contra las buenas costumbres. La censura se presenta como necesaria para la integridad de lo nacional. Es así que su director se convierte en el primer director del Instituto de Cinematografía, como se ha señalado. El discurso de la revista buscó

---

12. Ordenanza S 9-XII.910, P 19-XII-910, art. 230, art. 231 y art. 232.
13. Ordenanza 9043, art. 4.

imponer una postura recelosa y defensiva frente a lo que se consideraba un desagravio para las buenas costumbres y la correcta argentinidad.

Tanto la postura de Pessano como la perspectiva del informe de la Comisión del '38 para la radio, permiten observar que el universo ligado a los funcionarios se auto-percibía como tutor del desarrollo cultural de las industrias culturales que se hallaban en manos de comerciantes que solo estaban interesados en hacer dinero sin ninguna preo-cupación artística. Para la Comisión, el principal problema estaba dado por la publicidad y es por ello que sugerían una asociación mixta que regulara la estructura interna y afirmaba que esto "[...] se traducirá en una racionalización de la publicidad por radio, [...] y creará una técnica publi-citaria moderna [...]" (Korth, 2009: 70). El Estado, a través de la asociación, debía impulsar la profesionalización de las industrias culturales de masas. Sin embargo, los esfuerzos para motorizar la actividad no tuvieron demasiado éxito; es más, la primera emisora del Estado Nacional en 1937 fue resultado de la iniciativa privada –Radio El Mundo entrega un edificio montado para evitar ceder horas de su progra-mación al gobierno nacional–.

Pessano también encaró una cruzada contra "el lucro": los verdaderos enemigos del cine eran aquellos que solo perseguían el lucro en desmedro de los valores culturales y del desarrollo de la cinematografía nacional. No obstan-te, sus acciones estuvieron orientadas principalmente a los contenidos de las películas nacionales con el fin de legi-timar y cooperar en la definición de una idea de nación acorde con la ideología política de los gobiernos de turno. Silvana Spadaccini (2012) remarca que aun cuando el con-servadurismo halló en la función política del cine el eje de discusión, Pessano también mostró un marcado interés en el desarrollo de la industria y la defensa del carácter artís-tico del cine, oponiéndose incluso a veces a las ideas del conservadurismo. En el siguiente capítulo se volverá sobre la perspectiva estatal con respecto al tango como marca de la argentinidad para las películas nacionales y norteamericanas de la década, frente a la lógica comercial de los hombres de la industria.

La postura de Pessano marcaba claramente que el valor artístico del cine debía seguir la senda del tradicionalismo cultural. En esta dirección, desde la revista se inició una importante campaña para la trasposición de textos canonizados de la literatura al cine con el fin de levantar la calidad de las películas en cuanto a sus argumentos.[14] Reclamaba trasposiciones de novelas de Benito Lynch, Hugo Wast, Manuel Gálvez, entre otros. El hecho interesante es que, nuevamente aquí, la izquierda y la derecha volvieron a confluir, ya que como se ha señalado anteriormente, por motivación artística, o por necesidad de ampliar las posibilidades laborales –o por ambas razones al mismo tiempo–, escritores, poetas y letristas, ligados al Partido Comunista y a FORJA, hacia fines de la década también se volcaron de lleno a la actividad de guionistas de estas películas, y buscaron elevar culturalmente los contenidos de los filmes nacionales.

El rol de las revistas en la convergencia de medios. El star system y la búsqueda de nuevos talentos

El armado de un sistema de estrellas se alimentaba de las políticas comerciales de las publicaciones especializadas. Las revistas dedicadas al cine y a la radio tuvieron un rol fundamental en la formación de estos consumidores culturales. Frente a la retórica de *Cinegraf* y la postura estatal que conllevaba un desprecio por lo popular, una buena parte de estas publicaciones se autopercibieron y autoproclamaron tutoras del proceso de elevación cultural del gusto popular,

---

14. "Situación de nuestro cinematógrafo", *Cinegraf*, junio de 1934, año III, N° 27, pág. 15.

de un modo que no lo descalificara del todo. La caracterización de un cine nacional y la consolidación de una industria
cinematográfica argentina fue una de las principales discusiones de estas publicaciones.

La cantidad de revistas dedicadas al entretenimiento en
estos años es numerosa. El recorte propuesto en este ensayo
se orienta a poder dar cuenta de su rol en las estrategias
comerciales de los empresarios del cine y las nociones que
circularon en torno a la argentinidad y lo moderno para
el cine nacional. En esas páginas se entronizaron algunas
imágenes en desmedro de otras para instalar estas discusiones, en relación con los proyectos institucionales de la
nacionalidad y con las demandas de la industria.

Las revistas elegidas son *Heraldo del Cinematografista,
Antena, Sintonía* y *Cine Argentino.* La primera de ellas era
ante todo la revista de los exhibidores, y por ende, la información estaba orientada a poder mejorar la programación,
cómo maximizar el rendimiento de una películas según
los gustos de la audiencia y a impulsar a la cinematografía nacional en general. Revistas como *Antena, Sintonía* y
Cine Argentino, dirigidas al público general, fueron una pieza clave en la apertura del consumo del entretenimiento
a los sectores populares, contribuyendo y enfatizando un
star system local para el cine, de la mano de personajes ya
consagrados en la radio y en el teatro, como se ha señalado anteriormente.

Sintonía nace en 1933 como un semanario dedicado a la
radio, al teatro y al cine, con contenidos y diseños accesibles
a un amplio público. Desde sus inicios, también resaltaba la
"necesidad de elevar el nivel espiritual de la escena nacional". La preocupación por el "buen gusto" está ligada a la
mirada sobre el tango que se presenta con ambigüedad. Por
un lado, se encuentran cuentos cómicos o chistes como "La
tragedia del Buen Gusto",[15] de la cual el tango es el res-
ponsable. Pero por el otro, son numerosas las menciones

---

15. *Sintonía*, 13 de mayo de 1933, año I, N° 3, pág. 19.

sobre la idea del ascenso social del tango. Desde el primer número, se hallan notas tituladas, por ejemplo, "Es turbia la historia del tango",[16] donde se cuentan los orígenes turbios de esta música y cómo fue escalando socialmente, o bien otra bajo el nombre de "'Self-made-men' de los tangos porteños", donde se relataban tres historias que demostraban cómo a través del tango tres hombres, que no eran ni más ni menos que Julio De Caro, Francisco Canaro y Francisco Lomuto, pasan de la pobreza y los oficios sencillos a convertirse en estrellas.[17] Asimismo, se plantean los puntos que deben mejorarse del tango, como el caso de las letras y el llamado a poetas y escritores "de jerarquía" a que se vinculen con su pueblo embelleciendo su canción.[18] El tango, como la música del pueblo, debe ser tomada por todos los sectores de la sociedad, podría decirse que se delinea un discurso que busca aglutinar a la sociedad en lo popular. Si *Sintonía* retrataba una trayectoria ascendente del tango y sus protagonistas, construyendo un verosímil de ascenso social para sus lectores, *Cinegraf* también haría una interpelación de clase pero a los sectores más acomodados. Las editoriales de esta última buscaron, por el contrario, diferenciar lo argentino del tango y los elementos de la cultura popular que tomaban las películas nacionales, realizando una explícita denostación de esos tópicos y sus consumidores, hallando nuevos lugares de diferenciación social y limitando los sueños de las muchedumbres.

> [...] ¿De qué medios dispone el argentino culto, al cual no se ve representado nunca en las películas, para protestar de ese endiosamiento de analfabetos que se lamentan siempre al lado de unas guitarras, ensayando una prueba de "cantor nacional" y que terminan su grotesco paseo por la pantalla

---

16. *Sintonía*, 29 de abril de 1933, año I, N° 1, pág. 88.
17. *Sintonía*, 20 de mayo de 1933, año I, N° 4, pág. 73.
18. "Conquistados todos los ambientes, el tango debe adquirir categoría superior en su letra", por Jorge Luque Lobos. *Sintonía*, 2 de mayo de 1936, año IV, N° 158, págs. 100 y 101.

convirtiéndose en símbolos? [...] y que Buenos Aires no es, solamente, como lo nombra Carlos Gardel en *Cuesta abajo*, "el viejo tango –la alegría de las muchachas malevas reflejándose en un charco de agua de la vuelta de rocha– el jockey Leguisamo, la calle Corrientes".[19]

Antena aparece en 1931 orientada principalmente a la radio. Ésta anunciaba todas las novedades de la radio y sus protagonistas, buscando consolidar una relación estrecha con sus lectores y oyentes de las diferentes emisoras. Además, se encuentran numerosas notas que tenían un marcado interés sobre los progresos de la radio y cómo colaborar con su desarrollo.

Años más tarde, hacia 1938 surgió *Cine Argentino*, dirigida por Antonio Ángel Díaz, dueño también del primer noticiero cinematográfico a nivel sudamericano, *Sucesos Argentinos*. El primer número anunciaba que venían a llenar un espacio vacío en el periodismo. En sus propias palabras, sus objetivos eran:

> [...] Recoger el sentimiento del público argentino en la forma más directa posible. Para que un espectáculo sea popular, y el cine lo es por excelencia, es necesario que se arraigue profundamente en el pueblo, que se compenetre y sienta sus impresiones, sus dolores y alegrías. Que el espectador desconocido tenga la posibilidad de expresar su pensamiento, un oído y un ojo que se coloque en su lugar para analizar el espectáculo. Y este oído y ojo será la revista. No una revista fabricada por profesionales, sino una publicación orientada por el público y con objetivo de traducir sin desvirtuarlo ese sentimiento colectivo que hará del cine criollo una realidad pujante y poderosa.[20]

Así, si bien son numerosas las notas de análisis del cine, la revista busca situarse a nivel del llano, al lado del espectador, y crear la idea de que se trata de una revista hecha

---

19. *Cinegraf*, septiembre de 1934, año III, N° 30, pág. 5.
20. *Cine Argentino*, año I, N° 1, 12 de mayo de 1938, pág. 1.

por el público en sí mismo, como un espacio colectivo de formación de opinión. La sección "A la salida del cine" tenía como fin dar publicidad a los comentarios de la audiencia sobre los filmes y el desempeño de los actores y actrices.

> Cine Argentino, cumpliendo su propósito de ser una revista hecha para el gran público que quiere y apoya a nuestra cinematografía, busca en ese mismo público su orientación, preguntando directamente a cada espectador, desde el que concurre al lujoso cine de estreno hasta el que frecuenta la democrática sala de barrio, su parecer acerca de nuestras películas. Mañana puede Ud., lector, ser el que reciba la pregunta de nuestros reporteros y el requerimiento de nuestro fotógrafo para ilustrar esta página; esperamos, entonces, y agradecemos desde ya su amable y valiosa colaboración.[21]

En este caso también hay un discurso que borra las diferencias de clases para construir una imagen de conjunto del público nacional.

Otra de las discusiones recurrentes fue la relación entre la regulación estatal y la actividad privada tanto para el cine como para la radio. Se ha dicho que al entrar en la década del treinta, el modelo económico privado financiado con publicidad había triunfado en la radiofonía, a pesar de las propuestas de quienes habían elaborado el informe de la Comisión del '38. No obstante, no fueron los únicos en lamentarse de los abusos que se cometían en desmedro de la calidad de los programas por parte de los broadcasters y los auspiciantes.

La revista *Sintonía* tomó una posición bien definida sobre el conflicto.

> [...] ¡estamos en un momento propicio para que los broadcasters redoblen sus esfuerzos por el mejoramiento de la radiotelefonía! [...] Por ejemplo el límite a los avisos cantados,

---

21. *Cine Argentino*, año I, N° 2, 19 de mayo de 1938, págs. 26 y 27.

tomar regulaciones sobre la propaganda radial. Tuvieron que hacerlo las autoridades de Correos y Telégrafos [...] los broadcasters sin valor para ello.[22]

En sus páginas, se encuentran numerosas quejas por el accionar de los auspiciantes y la no firmeza de los broadcasters. Lamentaban la intervención comercial a toda costa e intervinieron a favor de las iniciativas de la S.A.D.R.A. (Sociedad Argentina de Radio Audiciones) en defensa del valor artístico de los programas. "Los radioescuchas gustan de los números artísticos, pero los comerciantes no, dicen los directores de la S.A.D.R.A. [...] (Ésta) fue creada con el propósito de elevar artísticamente las transmisiones".[23] Una de sus integrantes, Madame Desseigne dice que:

> [...] otro grave inconveniente residió en los textos de los avisos. Nosotros queríamos pasar textos que armonizaran con el "cachet" artístico de las audiciones, y no conseguíamos disuadir a ciertos comerciantes del ridículo que significaba irradiar frases chabacanas y de mala sintaxis con sonatas de Beethoven. Además, no nos íbamos a prestar a interrumpir un tiempo de una sinfonía para anunciar callicidas ni polvos de limpieza, por más que sea esta una costumbre inveterada de la radiotelefonía argentina.[24]

Al problema de los anuncios y el mero interés comercial se sumaba también el de las direcciones artísticas, puesto que ocupaban muchas veces "[...] el amigo o favorito del 'broadcaster' [...] De ahí, todos los errores, toda la chatura...". Es por ello que *Antena*, advertía que: "[...] El progreso y el bienestar de las radiofónicas no depende exclusivamente de la colaboración comercial. [...] Volvemos a insistir que

---

22. *Sintonía*, 25 de abril de 1936, año IV, N° 157. pág. 18.
23. *Sintonía*, 28 de abril de 1934, año II, N° 53, pág. 44.
24. *Sintonía*, 28 de abril de 1934, año II, N° 53, pág. 45.

esto es peligroso y las *broadcastings* que no cuiden al público deben saber que el prestigio y la popularidad creada en el transcurso de los años puede perderse en pocos minutos".[25]

Estas discusiones demuestran que este proceso de convergencia de medios no estuvo exento de conflictos y diferencias de intereses entre los diversos actores.

Más adelante se verá cómo este tipo de conflictos fueron representados en las películas de la época, como en el filme *Melodías porteñas*, donde el personaje de Enrique Santos Discépolo se comunica constantemente con los auspiciantes para negociar el lugar de sus anuncios. Corta con uno y otro, parodiando la negociación. Al mismo tiempo, otro de los personajes lee y canta anuncios con este tipo de rimas ridículas de las que el miembro de la S.A.D.R.A. se quejaba, cortando las emisiones en cualquier momento. La representación de este problema implicaba un espectador consumidor de estas revistas y al tanto de estas problemáticas. En este sentido, en el tercer capítulo se observará cómo se realizaban desde los filmes diferentes guiños a la situación de las industrias culturales en aquellos años, retroalimentando la relación entre los tres consumos.

La apelación al espectador-oyente-lector fue una de las estrategias más desarrolladas por los tres medios. Mientras el *star system* se nutría de la visibilidad y el consumo en los diferentes dispositivos, otra de las políticas comerciales de venta estuvo relacionada con el estímulo de la participación de la audiencia de todo tipo. Se buscó su participación desde su lugar de audiencia, así como también se impulsó una política de búsqueda de "nuevos talentos", que colaboró en la construcción de verosímiles de ascenso social y que alentaban las esperanzas del público de convertirse en la próxima estrella, al integrar al lector al mundo del espectáculo. Son numerosos los anuncios de concursos y

---

25. *Antena*, 27 de octubre de 1934, año V, N° 192, pág. 3.

audiciones en las revistas de la época. En la mayoría existían además secciones de preguntas de los lectores para pedir consejos para presentarse a ellas.

El tango era una de las principales fórmulas de venta, ya que permitía articular el consumo de la industria discográfica, con la radiofonía, con los espectáculos teatrales, con las revistas y con el cine. Si bien, como se ha visto, ya lo era desde la década precedente como el caso del teatro, en los espectáculos de los medios masivos como la radio y el cine de los años treinta se le agregaba esta nueva función, vinculada a la apelación directa a ese espectador ideal y a la idea de protagonismo del hombre y la mujer común. La paradoja de la estrategia masiva se encontraba en la interpelación a la primera persona, a las historias mínimas de los hombres comunes que podían convertirse en un cantor o cancionista de éxito. La apertura de posibilidades para triunfar, para ser ese uno en un millón. En este sentido, la estrategia de búsqueda de "nuevos talentos", retomaba las ideas del ascenso propias del tango, pero a partir de ejemplos exitosos, delineando nuevas imágenes del tango, donde sus protagonistas ya no serían los personajes del arrabal, sino aficionados y trabajadores que soñaban con triunfar en la *broadcasting*. Estas imágenes de ascenso social serán analizadas en el tercer capítulo de este trabajo.

En esta misma dirección, es resaltable la importancia que se le daba a los relatos de las producciones y de los empleados detrás de cámara, detrás del micrófono, mostrando cómo esta máquina de sueños estaba hecha por el trabajo de muchos. Se elogiaba el esfuerzo y el valor del trabajo diario, así como también se equiparaban las jerarquías mostrando a todos los integrantes de los equipos de las filmaciones y *broadcastings*, desde los directores, directores artísticos, hasta los empleados y operadores telefónicos. Estos últimos aparecían en fotos con pequeños copetes, y había notas y reportajes a los telefonistas y "speakers" de las radios.[26] Se fomentaba cierta idea de protagonismo del empleado común, de igualación de su trabajo al de sus superiores; todas las historias podían estar dentro de la revista.

Hacia el año 1934, la revista *Sintonía* publicaba noticias de esta índole: "No deje de escuchar a estos números. Están empezando a escalar la fama o popularidad. Dependen de su aplauso". Y en la nota cuentan la historia de lucha de estos artistas que han ido mejorando sin que el público lo notara.

> [...] Nosotros que en esta sección hemos hallado el mejor medio de ayudar a los que tal necesitan, iniciamos la segunda serie de los que nos parecen acreedores a más de lo que tienen, ya se trate de los que no tienen nada y merecen algo, como de los que tienen algo y merecen mucho más. [...] siga Ud. amigo lector, la actuación de nuestros intérpretes: escríbales y haga llegar a las emisoras donde actúan sus impresiones sobre lo que puedan apreciar de la labor que desarrollan.[27]

Se alienta la escucha y la participación del público oyente, así como también a los aficionados con deseos de triunfar en la *broadcasting*. Esta dinámica también se veía representada en las películas, como en el filme *Ídolos de la radio*, que se analizará más adelante. De esta manera, se continuaba fomentando el consumo cultural, al mismo tiempo que era una forma de sondear los gustos del público. En los años sesenta, estas operaciones de los medios de comunicación se expondrán en la pantalla de modo crudo y satírico como lo demostró la película de Rodolfo Kuhn *Pajarito Gómez, una vida feliz*, de 1965.

En más de una ocasión, los concursos que se promocionaban eran organizados en conjunto con emisoras radiales y estudios de cine. En 1936 puede leerse a lo largo de

---

26. "¡Hola! ¡Hola! ¿Hablo con la radio? Con las fotos de los telefonistas, o bien 'Galería de los speakers'". *Sintonía*, 28 de abril de 1934, año II, N° 53, pág. 75, 76 y 77.
27. *Sintonía*, 9 de junio de 1934, año II, N° 59, pág. 19.

diversos números de *Sintonía* el llamado a un concurso para nuevas estrellas de cine para mujeres cuyo requisito es ser agraciada pero por sobre todo fotogénica. Este concurso fue organizado por la productora Argentina Sono Film, *Sintonía* y la transmisión de los comentarios cinematográficos estaba a cargo de la radio LR4 Radio Splendid, dirigida por Adolfo R. Aviles. "[...] ha despertado enorme interés en el público lector de Sintonía".[28]

Otro de los números publica:

> [...] hoy más que nunca, el cine argentino ofrece porvenir brillante a las personas que, dotadas de suficientes condiciones, se decidan a hacer de él una profesión estable [...] el premio, como ya se sabe, consiste en un contrato para actuar como estrella de un film de la Argentina Sono Film, con dos mil quinientos pesos de remuneración [...].[29]

La cita muestra de modo explícito la idea del mundo del cine y la radio como fuentes de trabajo y nuevas carreras abiertas al talento, que a su vez, dota de historias al cine mismo. Es importante considerar que en términos de sueldo de la época, estas vías aparecían como formas rentables de ganarse la vida, dado que para el año 1935 el sueldo promedio de una empleada doméstica era de entre $50 y $60 por mes, para una cocinera podía llegar a ser de $80 por mes, y un lote con una casa lista para habitar en un barrio de la ciudad de Buenos Aires podía costar cerca de $16.000.[30]

Esta estrategia no solo alentó la participación y consumo del público, sino también significaba una reducción de costos en la producción de las películas, en un momento donde los "cachets" de los artistas principales habían aumentado considerablemente. Es destacable que en el plano internacional esta política de talentos emergentes fue desarrollada con especial énfasis, basta recordar la "War-

28. *Sintonía*, 25 de abril de 1936, año IV, N°157, págs. 64 y 65.
29. *Sintonía*, 16 de mayo de 1936, año IV, N° 160.
30. Cifras consultadas en *La Nación*, 24 de noviembre de 1935.

ner's Academy of Acting" y la "Warner Brother's Academy Theatre" que dramatizaban y promovían los filmes en producción de la Warner en la radio.

Las revistas argentinas de la época registraron las quejas de los estudios sobre el valor de los "cachets" de las grandes estrellas, que constituían altos porcentajes del costo total del film. Horacio Campodónico señala que, con el cambio de década, esta situación se volvió más alarmante para los productores.

> [...] al modificarse las condiciones de producción en los estudios, dada la escasez de material virgen para las copias –hecho que dificultaba su explotación– y la necesidad de tener que recurrir al mercado negro –hecho que encarecía los costos–, el reaseguro que tradicionalmente habían proporcionado los actores de nombre en nuestro cine comenzó a relativizarse. Resultado de esta encrucijada fue la irrupción en la pantalla de las "ingenuas", dado que las actrices adolescentes desconocidas no cobraron más de \$350 por película durante sus respectivos lanzamientos en papeles protagónicos. (Campodónico, 2005: 60)

Si bien ésta no fue la única razón, debió ser atractiva la posibilidad de bajar los costos de producción.

Hacia 1940 y 1941 esta discusión se volvió pública. El 12 de octubre de 1940, la revista *Radiolandia*, dirigida por Julio Korn desde 1934, publicó una nota titulada "Programas sin astros, sería la orientación radial 1941" cuyo copete decía que "Los broadcasters anuncian la guerra a los 'altos precios' proponiéndose lanzar a nuevas figuras, en reemplazo de las que, según su criterio, no justifican sus inmensos sueldos".[31] Al año siguiente publicaba sobre la situación cinematográfica:

---

31. *Radiolandia*, 12 de octubre de 1940, N° 656.

Los sueldos "estelares" se derrumban. Tratándose de aligerar
los subidos presupuestos (el costo "standard" de una película
está ahora en los 200.000 pesos), se llega a la conclusión de
que un determinado número de "estrellas" ganaban sueldos
que desequilibraban toda posibilidad de completar repartos
numerosos y equilibrados [...] Los productores, en reciente
reunión de la APPA, entidad que los agrupa [...] convinieron
en que había que "decapitar" a los grandes sueldos. ¡Qué
Libertad Lamarque ganaba 95.000! ¡Qué Hugo del Carril
cobraba 75.000! [...].[32]

En relación a los concursos, éstos también estuvieron
orientados a aumentar la compra de ejemplares de las revistas y fomentar el crecimiento de público de diferentes
radios. Para la Navidad de 1934, *Antena* sorteaba los vigési-
mos del premio de la Lotería Nacional de Navidad a través
del envío de unos cupones que se recortaban.[33] Otro de
los concursos que promocionó durante meses alentaba la
audición del programa de Petrona de Gandulfo:

[...] Con el fin de corresponder a la atención de las personas
que son oyentes asiduas de la señora de Gandulfo se ha
organizado un nuevo concurso que tendrá el incentivo de
numerosos premios. Consiste el concurso en la colección de
las recetas propaladas en esa audición durante los meses de
septiembre, octubre y noviembre [...].[34]

Ben Singer (1995) en su análisis sobre el sensacio-
nalismo popular y la modernidad urbana remarca que el
incremento de la intensidad de los divertimentos populares
correspondía a las nuevas texturas de la vida diaria. Esto
implicaba que el híper estímulo aparecía como un modo de
compensación a este cambio de la percepción y sensación
humana. Singer lo pensaba con respecto al melodrama, sin

---

32. *Radiolandia,* 23 de agosto de 1941, N° 701, pág. 3.
33. *Antena*, 27 de octubre de 1934, año V, N° 192, pág. 19.
34. Ibídem, pág. 23.

embargo, esta idea de híper estímulo y de *"aesthetic of astonishment"* puede extenderse a todo el conjunto de prácticas del entretenimiento.

De esta manera, los empresarios crearon una red de consumos culturales, haciendo publicidad mutua en los diferentes soportes, que se retroalimentaba y usaba las mismas figuras del espectáculo para contar con un público cautivo. Esto fue posible gracias a la estructura oligopólica de la radiofonía y el cine, así como también a la permeabilidad de estos empresarios a diferentes negocios. Sin embargo, tal como lo demostraba el debate sobre el problema de los anunciantes radiales en las revistas, por citar un ejemplo, este proceso de convergencia no siempre se desarrolló en total armonía. Existieron fricciones e intereses distintos que en más de una ocasión pusieron en tensión los discursos de las publicaciones con las estrategias comerciales de los empresarios de la radio y el cine, con respecto al uso de las figuras del tango principalmente. Estos "entrepreneurs" –en el sentido schumpeteriano, entendiéndolos como agentes de innovación– fueron estableciendo distintas alianzas y movilizando sus recursos a través de una red de contactos que creó una trama compleja y cambiante de relaciones comerciales y culturales.

Por último, estas revistas, para acercarse a sus lectores, animaron cierta idea de proximidad y de intimidad, tanto con sus lectores como con las estrellas y astros del espectáculo. Por un lado, era muy frecuente el uso de vocativos que apelaran directamente al lector y le diesen consejos y sugerencias. También puede observarse en las publicidades de todo tipo de productos orientadas a diferentes segmentos de público, que estaban construidas en esta misma clave. Las estrellas aconsejaban a los consumidores sobre las bondades de los productos, así el titular de la publicidad del jabón de tocador Lux dice: "una estrella famosa aconseja sobre belleza".[35]

---

35. *Antena*, sin número, sin fecha, sin números de páginas.

La revista se erigía como intermediario entre la audiencia y las estrellas, en secciones como "Examinando Estrellas y Astros". En ésta, los lectores enviaban sus preguntas sobre la vida privada de los artistas, y la revista publicaba las respuestas colocando la pregunta y la firma de quien la había realizado. Existía un trabajo sumamente minucioso en la retórica de la revista, en los contenidos y en la fotografía que colaboraban para introducir al lector, oyente, espectador dentro del universo del espectáculo como si fuese parte de su cotidianeidad y que lo hacía sentir parte y participar.

El formato de lectura era muy breve y buscaba dar cuenta de la heterogeneidad de los entrevistados, de las preguntas, así como también de los lectores que las habían enviado. Un ejemplo de este formato es el siguiente: "A Ada Falcón. ¿Por qué se apasiona tanto cuando canta el tango de Canaro 'Sentimiento gaucho'? Ángel M. Mercedes F. C. O." (Debajo la respuesta:) "Hay tangos que siento más que otros. Ada Falcón".[36] A su vez, aquí la revista juega también con uno de los grandes rumores de la época sobre la relación extramatrimonial que mantenían Canaro y Ada Falcón.

En el caso de *Antena*, se resaltan las secciones "Correo Antena", "Correo Estampas Porteñas", "Correos de tangos y autores" y "Radioyente opina". En éstas, se les contestaba uno por uno las preguntas a los lectores y oyentes, ya sea preguntas o comentarios, para indicar que estaban de acuerdo o no con ellos.[37] En uno de los números, la revista aconseja a sus lectores sobre cómo presentarse en las audiciones:

> Le aconsejamos que se dirija a los directores de conjuntos de esa índole, pues de lo contrario sus gestiones no obtendrán el menor éxito. Tenga en cuenta que hay cientos de aficionados

---

36. *Sintonía*, 5 de mayo de 1934, año II, N° 54, págs. 38 y 39.
37. "Efectivamente, le asiste a usted toda razón." A Eduviges de Capital. "Creemos que está equivocada". A Carmencita de La Plata. *Antena*, 12 de enero de 1935, año 5, N° 203. Ver también *Antena*, 7 de marzo de 1936, año VI, N° 263, pág. 14.

dotados de condiciones que no cuentan con la oportunidad que usted busca, a pesar de ocuparse activamente de ello. A Oscar Martínez de Victoria F. C. A.[38]

La posibilidad de estas revistas de responder estas cartas y preguntas de los lectores hace pensar sobre la escala de estos envíos. Por un lado, dan la idea de masividad por su diversidad y regularidad, pero al mismo tiempo, podría pensarse que aún poseen una escala posible de absorber manualmente, como una suerte de transición a una masividad mucho más amplia que llegará con el advenimiento de la televisión en los hogares argentinos. Asimismo, también es probable que muchas de las preguntas y las respuestas hayan sido inventadas por las propias publicaciones, con el fin de instalar algún tema, o de orientar la publicidad de algún artista, programa o filme, o bien de fomentar la participación y dar la idea de una colaboración constante de sus lectores.

* * *

La consolidación de un modelo económico privado con financiamiento publicitario para la radio, orientado al entretenimiento, con la formación de un sistema de estrellas local como principal capital de estas empresas, quizás no haya sido el único modelo posible, pero sí aquél que para estos empresarios era capaz de proporcionar ganancias en el corto plazo, diversificar sus negocios, maximizar sus recursos y minimizar los riesgos. La convergencia industrial entre la radio y el cine se convirtió así en la respuesta a una necesidad concreta de ambas industrias frente a un Estado que no colocó dentro de las prioridades de su agenda la alternativa de ocupar un rol motor en las industrias de los medios de comunicación, aún cuando percibió su potencial para la transmisión de mensajes e imágenes

---

38. *Antena*, 7 de marzo de 1936, año VI, N° 263, pág. 23.

de las identidades culturales del país. Si bien, a diferencia del caso norteamericano, el cine se valió de la estructura y del sistema estelar creado por la radio de modo unilateral, la puesta en marcha de este modelo convergente permitió retroalimentar una red de consumos culturales.

Las representaciones del tango en el cine tuvieron un rol central en el armado de este modelo de producción, ya que coronaron la convergencia de estos medios, al mismo tiempo que colaboraron para enlazar las ideas de modernidad y argentinidad en estas imágenes. El tango, ya desde la década precedente, había demostrado ser una fórmula de éxito y su capacidad para enlazar distintos consumos culturales. Sin embargo, en la alianza industrial entre la radiofonía, el cine y la prensa popular, se puso en marcha a escala de masas un modelo de producción que delineaba un espectador-oyente-lector ideal que paralelamente transformaba sus prácticas de consumo cultural y entretenimiento. De este modo, el público consumía al sistema de estrellas en diferentes dispositivos, así como también comenzaba a ser interpelado para participar, tanto desde su lugar de audiencia como para pasar a ser protagonista.

Las páginas de estas revistas demuestran cómo se fomentaba el envío de cartas con preguntas y comentarios sobre las películas, las audiciones o bien sobre cuestiones de la vida de las grandes estrellas, que se tradujo en la aparición de nuevas secciones. Estos aportes pueden haber significado también un crecimiento en las ventas de ejemplares. Esta estrategia colaboró sin duda con el surgimiento de nuevos hábitos de consumo del entretenimiento, al crear un público cautivo para estos consumos que mayormente eran semanales. Además, esta convocatoria desde muy temprano tuvo como correlato el armado de una política de "nuevos talentos", por la cual se alentaban los concursos y audiciones en radio y cine, que también deben haber influido en el crecimiento del consumo, al mismo tiempo que proveyeron de historias para esas películas que potenciaron los imaginarios de ascenso y las aspiraciones de su público. A la política del *star system* se sumaba la de los nuevos talentos que se sostenía porque tenía como horizonte a la primera. En cada una de esas historias mínimas podía estar la próxima gran estrella.

2

Argentinos e hispanohablantes

Tango y argentinidad en el mercado del cine regional

La sonorización del cine no solo permitió ampliar la audiencia al público analfabeto o inmigrante que no era capaz de leer con rapidez los subtítulos, sino también fortaleció la identificación del público con el habla cotidiana. "Hablada en criollo", "hablada en argentino", señalaban las reseñas de las películas de *El Heraldo del Cinematografista*.

El lugar de la lengua fue de suma importancia para la conquista de un mercado regional. Hollywood también lo había comprendido del mismo modo, y es por esa razón que hacia el decenio de 1930 comenzaron a producirse diferentes filmes hablados en español, con un pastiche de tópicos culturales que buscaba la identificación de diferentes públicos latinos, configurando una identidad de índole regional latinoamericana. El tango no solo tuvo un rol de suma importancia en la nacionalización del cine argentino, sino también en otras cinematografías que delinearon sus propias imágenes del tango y la argentinidad.

De esta manera, el tango ponía al cine argentino en el mapa. Como se ha señalado en el capítulo anterior, estas películas trazaron itinerarios de ascenso social por medio del tango al vincularlo al desarrollo de la radiofonía y la industria discográfica, así como también supieron explotar la espectacularidad de los escenarios. Buscaron elencos reconocidos y sus figuras fueron aquellas que empezaron a conformar el sistema de estrellas local y en algunos casos en América Latina toda. Estas referencias produjeron las quejas y lamentos de los portavoces del Estado, que veían alejarse al cine nacional de los proyectos de identidad cultural que buscaban instalar para su patria. Jesús Martín Barbero remarca que el cine y la radio transmutaron la idea política de nación en vivencia, en sentimiento y cotidianeidad. El cine, así, fue el primer lenguaje de la nueva experiencia popular urbana de las masas (Barbero, 1987: 179-180). En este sentido, las películas se convirtieron en una arena por la disputa de sentidos de la argentinidad de alcance masivo.

Es por ello que este capítulo indagará primeramente en las discusiones de publicaciones especializadas como *Cine Argentino, Cinegraf* y *El Heraldo del Cinematografista* sobre el lugar del tango en la proyección internacional del cine, y la posición del Estado y de la industria frente a ello. ¿Existieron puntos de contacto entre los diferentes proyectos de cine nacional, entre quienes debatían desde una lógica de mercado y quienes lo percibían como parte del entramado de un proyecto cultural canonizado? ¿Qué nociones de lo argentino y de lo moderno pidieron al cine?

La marca de la música en la nacionalización y popularización del cine es parte de un fenómeno que trasciende las fronteras nacionales. En aquellos años, la búsqueda de nuevos mercados llevó a Hollywood a interesarse por tópicos culturales latinoamericanos a partir de los cuales construyó tipos híbridos entre la referencialidad nacional –en este caso la argentina– y la hispanohablante a través de la música principalmente. Las estrategias genéricas y la representación del tango a partir de la explotación de su espectacularidad dieron fórmulas de éxito, que los estudios locales adoptaron para recrearlas o diferenciarse, construyendo sus propias imágenes del tango argentino. Así, se analizará, por un lado, de qué modo la representación del tango "de exportación" –el triunfo de esta música y este baile en las grandes capitales culturales del mundo– contribuyeron a legitimar este rol nacionalizador. Por otro lado, las películas nacionales, en su esfuerzo por afianzarse en esos mercados y construir su "propia tradición", se diferenciaron de las producciones hispanas de Hollywood a partir de la búsqueda de una suerte de "autenticidad".

Por último, a partir de los análisis formales de las películas, se explorará de qué modo se construyeron diferentes imágenes del espacio del extranjero en relación al tango para consolidar representaciones de la argentinidad de carácter moderno para el público hispanohablante en la cinematografía nacional e internacional. Con respecto a la producción norteamericana, ésta se valió de la figura más representativa del tango para poner en marcha esta producción. La primera película de Gardel para la Paramount, *Luces de Buenos Aires* (Adelqui Millar), se estrenó en 1931. En ella se muestra a un Gardel de poncho y cantando una canción campera. En los pocos años que transcurrieron hasta su muerte en 1935, la producción fue sostenida. Al año siguiente del filme de Adelqui Millar, se estrenó *La casa es seria* (Lucien Jaquelux), un cortometraje donde también actuaba Imperio Argentina y del cual solo se conserva su banda sonora, *Melodía de arrabal* (Louis Gasnier) y *Espérame (andanzas de un criollo en España)* (Louis Gasnier). En 1934 fue el turno de *Cuesta abajo* (Louis Gasnier) y *El tango en Broadway* (Louis Gasnier), y en 1935 el de *El día que me quieras* (John Reinhardt), *Cazadores de Estrellas* (Norman Taurog) y *Tango Bar* (John Reinhardt), su última película. En este ensayo solo se tomarán *El tango en Broadway* y *Tango Bar*, y dentro de la producción argentina *El alma de bandoneón* (Soffici, 1935) y *La vida es un tango* (Romero, 1939).

Proyecto cultural y mercado. El Estado y la industria del cine frente al tango como marca de la argentinidad en el cine

La importancia de la música para la popularización del cine y como marca nacional lejos estuvo de ser una peculiaridad argentina. La presencia de la música y el baile en los *golden ages* de Hollywood fue fundamental. El primer largometraje en tener sonido sincronizado, *The Jazz Singer,* en 1927, marcaría el declive del cine silente, el desarrollo de las *talkies,* y el auge del género musical a nivel internacional. Jorge Couselo resalta que así como Hollywood echó reiteradas miradas sobre la historia del jazz, el cine argentino lo hizo sobre la del tango, donde uno de los hombres fundamentales fue el director Manuel Romero (Couselo, 1977).

Tanto para el tango como para el jazz, ya desde la época silente los filmes habían recreado sus universos. Scott Yanow señala que "[...] Muchos de estos filmes llevaban la palabra 'Jazz' en sus títulos, aún cuando sus historias tuvieran poco que ver con el estilo de vida del jazz o sus realidades."[39] (Yanow, 2004: 1). Los miembros de la *Original Dixieland Jazz Band* habían aparecido por primera vez en un filme silente llamado *The Good for Nothing,* en 1917. Pero fue el éxito de *The Jazz Singer* el que marcó que el jazz se convirtiese en parte de muchas películas, particularmente como *background music.*

Eric Hobsbawm señala que tras la crisis económica, hacia mediados de la década del treinta volvió a aparecer un mercado para el jazz, y que este *revival,* más que un fenómeno musical:

> [...] Perteneció a la historia cultural e intelectual [...] Fue un movimiento estrictamente blanco, aunque, como es natural, bien acogido por los envejecidos músicos criollos, en especial los que atravesaban una mala racha. Nueva Orleans se

---

39. La traducción es mía.

convirtió en un mito y símbolo múltiple: anticomercial, anti-
rracista, proletario-populista, radical del New Deal o sen-
cillamente antirrespetable y antipaterno, según el gusto [...]
creó un vínculo entre, por un lado, la causa de los negros
y la afición (minoritaria) al jazz y, por el otro, la canción y
la música folk, antiguas y modernas, que eran y siguieron
siendo durante mucho tiempo las columnas vertebrales de la
subcultura izquierdista que se fundió con la cultura del New
Deal. (Hobsbawm, 1999: 215)

En este sentido, la apropiación del jazz por parte del
cine, sumado a la especialización por géneros de los estudios cinematográficos para aumentar la rentabilidad de sus
negocios, colaboró con la propagación de esta estructura
de producción.

No obstante, como se ha señalado en el capítulo anterior, en el caso argentino la posición estatal frente al lugar
del tango como elemento de nacionalización del cine suscitó diferentes reclamos y lamentos. A diferencia del escenario político de los Estados Unidos, la proyección internacional de la identidad cultural nacional que se forjaba en
la cultura de masas, no fue parte de los proyectos estatales,
que se orientaban al enaltecimiento del universo rural de la
pampa, el gaucho y la música folklórica como símbolos de
la especificidad argentina.

En esta dirección, es remarcable el énfasis de *Cinegraf*
de salir de la ciudad y los temas propiamente porteños, en
particular del tópico del tango, para la elevación artística y
cultural del cine argentino. La sección "Primer Plano", de
agosto de 1934 –se trataba de las editoriales escritas por el
mismo Pessano–, decía:

[...] en la necesidad de un provecho inmediato para la empresa, comenzar a hacer uso de la etiqueta nacional con los
ojos puestos en el extranjero [...] obsérvese que ninguna de
las producciones que se imprimen y se preparan salen de
la ciudad. Buscan dentro de ella el tema, y Buenos Aires
no puede darles, en lo que tiene de asunto, de interpretación o de técnica. Sin embargo, el verdadero cinematógrafo

argentino, que ha de ser grande quizás muy pronto porque tiene privilegios sobrados para serlo, está, al margen de unos cuantos aspectos de la vida deportiva y social, fuera de la capital. Las orillas del Paraná, las estribaciones de la cordillera de los andes, los saltos del Iguazú [...] pueden enmarcar con sus escenarios maravillosos cualquier película. [...] Y para nutrir con un argumento limpio y genuino el reflejo de esa vida, ¿faltan novelistas por ventura? ¿Faltan leyendas bellísimas? ¿Faltan temas de folklore? [...] obras de esa índole realizarían el más bello nacionalismo, el nacionalismo que permitiría mostrar a una argentina de cultura y de acción insospechadas por el extranjero. A eso habremos de llegar [...] Mientras tanto, asistamos satisfechos a los empeños que no guíen solamente los más desaprensivos propósitos de lucro "a outrance", en el olvido de toda altura de miras por la simple inversión de un capital.[40]

La extensa cita es significativa y clara de la legitimación del nacionalismo cultural de la matriz conservadora del gobierno de Agustín P. Justo. La posición de Pessano sobre la inclinación hacia el universo tradicionalista y rural que debía adoptar el cine se traduce en la antinomia del campo y la ciudad, que opone al tango el folklore. Paralelamente, se construye a la ciudad como espacio del "mal vivir" frente a la vida al aire libre, la "buena" sociabilidad y el deporte fuera de la ciudad. El interés por la práctica deportiva estaba ligado a los valores del proyecto higienista estatal, sumamente influyente en la legislación del período.

El discurso de Pessano buscaba combinar las valoraciones morales y el carácter artístico del cine con las necesidades de la industria y el reclamo de otro tipo de desarrollo industrial. Como se ha dicho en el capítulo anterior, Silvana Spadacini remarcaba que en más de una ocasión Pessano se opuso al conservadurismo en pos de defender el desarrollo de la industria. No obstante, las claves en las que comprendió el desarrollo de la industria estaban por fuera de una

---

40. *Cinegraf*, agosto de 1934, año III, N° 29, pág. 5.

lógica comercial. La crítica al mero lucro fue compartida por muchos actores del sector, tal como lo reflejan las discusiones en las publicaciones de la época, sin embargo la mirada del director del Instituto sobre el desarrollo de la cinematografía se orientaba mayormente hacia los contenidos y los aspectos formales de los filmes –como lo demuestran muchas de sus críticas a las películas–, más que a una política comercial. Su inquietud por "los ojos del extranjero" estaba más ligada a la difusión de imágenes arrabaleras y tangueras como cine nacional en el extranjero, que al desarrollo de una política de distribución.

De este modo, la preocupación por los "esperpentos nacionales" de *Cinegraf* no se reducía solamente a la sociedad argentina. En la sección "Primer Plano", de septiembre de 1934, Pessano denuncia que le llegan cartas del extranjero donde no pueden entender que se edite una revista como *Cinegraf* en un "pueblo de malevos", dado que la imagen que tienen en otros países de la sociedad argentina es la que se presenta en los filmes.

> [...] el reflejo de la atmosfera autóctona arrastra la tara del malevaje y del pseudo gauchismo. El porteño no puede ser, por lo visto, en las películas, sino un pendenciero, un tahúr y un holgazán, complicado en toda suerte de inmoralidades. [...] Nuestras plateas ríen ante él. Saben de la falsedad de esas cosas que se muestran como propias. [...] Oficialmente no se protestó, cuando hubiera sido necesario, porque éstas son las horas en que numerosos espectadores del exterior confunden la verdadera capital con la de "Luces de Buenos Aires".[41]

En la prensa diaria las opiniones eran similares. En ocasión del estreno en Buenos Aires de *Wonder Bar* (Lloyd Bacon, 1934), el diario *La Nación* publicó "[...] un tango que,

41. *Cinegraf*, septiembre de 1934, año III, N° 30, pág. 5.

aunque algo cortado, permite ratificar la certidumbre del desconocimiento casi injurioso de nuestros rasgos en los Estados Unidos."[42]

En este sentido, desde *Cinegraf* se realizaba un pedido claro a las autoridades estatales de intervenir en el asunto, en este caso debido a las películas extranjeras que pretendían ser marca de la argentinidad. Frente a las declaraciones del cónsul argentino en Nueva York en el estreno de *Cuesta abajo*, quien afirmaba "[...] es el primer paso para iniciar una era de éxito para la producción de películas con caracteres genuinamente argentinos",[43] Pessano llamaba la atención del Ministerio de Relaciones Exteriores por la "[...] inaceptable aprobación oficial de una película que perjudica ostensiblemente la opinión que del país y de sus ciudadanos caracterizados, como vienen a ser los estudiantes universitarios, pueda formarse el público de cualquier parte del mundo."[44] Solo volver a la tierra, respirar el espíritu de la inmensa tierra del país llevaría al camino del verdadero cine nacional que triunfaría por sí mismo localmente y en el mundo, sin necesidad de copia alguna de los formatos hollywoodenses. Ese era el sueño de Carlos Pessano.

> [...] Tomen nuestros directores el primer tren que parta lejos. [...] contemplen los surcos paralelos del arado, escuchen el canto de la trilla, miren a las espigas de oro que el trigo acuña y, si después de todo esto, no tenemos cintas con olor a campo, con sabor a criollo, el cine nacional... seguirá careciendo de hombres, no de posibilidades.[45]

Y en pos de este cine criollo dirigió su accionar en la gestión pública.

---

42. "Un espectáculo suntuoso y movido: *Wonder Bar*", en el diario La Nación, 21 de julio de 1934, año LXV, N° 22.610 (Ochoa, 2003: 10).
43. *Cinegraf*, septiembre de 1934, año III, N° 30, pág. 5.
44. Ídem.
45. *Cinegraf,* diciembre de 1934, año III, N° 33, pág. 50.

Frente a estos reclamos por la propagación de valores ligados a las experiencias culturales urbanas de las masas, encontramos otro tipo de voces como la de Chas de Cruz, que trabajaba para la industria. La postura del editor de *Heraldo del Cinematografista* ante el lugar del tango como pieza fundamental de la nacionalización del cine argentino en el plano local e internacional no puede trazarse de manera lineal.

Esta revista hizo su aparición el 15 de julio de 1931 y estuvo orientada principalmente al público de la industria con una marcada preferencia al sector exhibidor; sin embargo, las discusiones abarcaron diferentes tópicos de interés general sobre el cine. El slogan mismo de la revista anunciaba *"Un servicio de crítica, información y análisis, libre de la influencia del aviso cinematográfico".* Las películas eran presentadas por su título con un recuadro en el que figuran calificaciones numéricas (se otorgan de 1 a 5 puntos al argumento, al valor comercial y al artístico) y genéricas (comedia, melodrama, policial, dramática, etc.). También, brindaba a los exhibidores información para completar el programa de mano de los filmes con los títulos de "Argumento", "Análisis" y "Para el programa". La consideración de estos tres tipos de puntaje para el valor artístico, el del argumento y el comercial, demuestra que *Heraldo del Cinematografista* tenía como fin orientar a los empresarios cinematográficos así como intervenir con un rol pedagógico cultural en la conformación de una audiencia.

Es por ello que el discurso de la revista recurría a menudo a la noción de "vulgaridad" en sus páginas. No obstante, a diferencia de *Cinegraf,* la línea editorial construyó una idea de lo vulgar que no se hallaba ligada estrictamente a ciertas temáticas o figuras recurrentes de la narrativa cinematográfica, como el tango y el universo arrabalero, sino que más bien se relacionaba con los procedimientos estéticos y la construcción de los guiones de las películas. Así, a modo de ejemplo, puede compararse la crítica regular de *La vuelta de Rocha* (Manuel Romero, 1937) frente a la relativa buena crítica de *Los muchachos de antes no usaban gomina* (Manuel Romero, 1937), o bien frente a la denuncia contra el escándalo producido a partir de la censura de *Tres argentinos en París* (Manuel Romero, 1938). Las tres producciones pertenecen al mismo director, Manuel Romero, y sus estrenos tienen tan sólo unos meses de diferencia, es por ello que no podría pensarse en algún tipo de diferencia de contexto o favoritismos en la confección de las reseñas por parte de la revista. Y los tres filmes trabajan sobre el mismo campo temático: el tango y el arrabal.

La idea de lo "popular" en las editoriales de la revista no era unívoca. Se delineaba, por un lado, una imagen de lo popular ligada a la vulgaridad que se proponía combatir, pero al mismo tiempo, aquellas producciones de buena calidad artística que retomaran tópicos populares canonizados en otros objetos cultuales como el tango, fueron percibidas como parte de las imágenes de lo nacional que el cine debía perseguir para consolidarse en el mercado local y regional.

En relación a los intereses de la industria, sus políticas de producción y distribución, desde los primeros años, Chas de Cruz criticó la mejor posición en el mercado de las productoras norteamericanas, prácticamente dueñas del mismo, que ponía en una difícil situación a los exhibidores que no tenían fuerza de negociación para elegir su programación. La revista buscó formar una posición que articulase a la industria, informando y polemizando los diferentes proyectos y leyes que se presentaron en esos años. Así, se buscaba alentar la participación del gremio exhibidor y la presencia de los actores de la industria en la toma de estas decisiones. Sus reclamos por políticas que favoreciesen el desarrollo del cine eran en clave industrial, como dan cuenta sus quejas frente a los altos derechos aduaneros para la película virgen.[46] Si el nacionalismo de *Cinegraf* estaba

---

46. Ya desde la década precedente se debatía la cuestión sobre los impuestos a la película virgen. Sergio Pujol agrega que "[...] La mayoría de los proyectos para proteger y activar al cine argentino descartan de antemano el gravamen a la

más ligado a la matriz tradicionalista, la voz de *Heraldo del Cinematografista* estaba más vinculada a una idea de política proteccionista para el cine.

Cine Argentino también fue otra de las publicaciones que se propuso pensar la política comercial del cine. Ángel Díaz, como hombre de negocios, se preocupó por las posibilidades comerciales del cine argentino, y en esa dirección, a fines de año 1938 promovió reuniones, entrevistas y encuestas a encargados diplomáticos de América Latina y productores de los principales estudios del país. El tema de la "expansión de nuestro cine" para esta revista tuvo una importante relevancia. Durante varios números publicaron estas entrevistas y estadísticas sobre la situación del cine argentino en los mercados extranjeros, señalando como principal problema la atomización de la distribución en el exterior. En sus propias palabras afirma que "[...] apuntamos realizar un ensayo de sociología. ¿Sociología comercial? ¿Y por qué no? [...] América tiene un enemigo. Un enemigo público número uno: el aislamiento local [...]".[47]

La gestión de Pessano como director del Instituto Cinematográfico, en lo que respecta a la censura, tal como señala Spadaccini, buscaba ocuparse de la exportación de películas argentinas, en lo que entendía que el Instituto debía tener una función "desintoxicadora", "profiláctica". La censura ejercida desde el Instituto recibió el repudio de toda la industria, viéndose de manifiesto en uno de los casos más famosos que consistió en la censura y posterior cambio de nombre del filme *Tres argentinos en París*.[48]

---

producción extranjera y se encuadran en una línea política más bien librecambista. Para la revista (*El Imparcial*), hay que pedir medidas fiscales que permitan el desarrollo de la industria, sin que ellas afecten la comercialización de los filmes europeos o norteamericanos." (1994: 82).

47. *Cine Argentino*, 29 de diciembre de 1938, año I, N° 34, pág. 7.

48. La campaña en contra de la censura de este filme que luego debió cambiar su nombre por el de *Tres anclados en París*, como resultado de la negociación para poder exhibirla, fue alentada desde las páginas de *Heraldo del Cinematografista* por varios números. El 2 de febrero de 1938, el número 341 de la revista publicaba los detalles del episodio: "[...] el espectacular despliegue policial fren-

Heraldo del Cinematografista siguió durante meses el *affaire*, y aprovechó la ocasión para abrir el debate sobre el rol del Instituto. Su posición contra la censura respondía a los intereses de la industria, más que a un proyecto cultural para el cine nacional.

La acción institucional de la década frente al cine y la matriz conservadora de estos discursos se enmarcan en un fenómeno internacional vinculado con la posición de la Iglesia católica frente al séptimo arte. Las autoridades eclesiásticas lo percibieron como una amenaza para los preceptos del catolicismo. El mismo Papa encabezó una campaña para regular los contenidos y las imágenes del cine, que tuvo como resultado la encíclica Vigilanti Cura de Pío XI, en 1936. En este documento se exponían los peligros del cine y los preceptos para su vigilancia. En la Argentina, las publicaciones católicas de los años treinta realizaron una campaña fuerte y activa en favor de una intervención directa en la relación entre el cine y la Iglesia.

La cuestión de lo nacional en las notas publicadas en *Heraldo del Cinematografista* se entendía en términos de la dimensión artística de las películas y del comportamiento de la industria. Una de las primeras es del 24 de octubre de 1934, donde hacía hincapié en la crítica a las productoras que "[...] no tienen un bien entendido patriotismo y se aprovechan de los éxitos ajenos [...]".[49] Remarcaba el lugar del

---

te al Monumental para que no ingrese el público a la sala [...]". La orden no pudo ser cumplida porque no tenían una orden de allanamiento. Lumiton y la empresa del Monumental no llegaron a ningún acuerdo con la Comisión y con el Instituto. Meses más tarde, la revista seguía el caso. El 6 de abril de 1938 informaban sobre la acusación por el fiscal Dr. Darío Saráchaga por los delitos de usurpación y abuso de autoridad al Dr. Sánchez Sorondo, a Carlos Pessano –ambos del Instituto Cinematográfico– y al general Esteban Vacarezza, ex jefe de policía por la actuación que les cupo en el *sonado* incidente de la exhibición en el Monumental de *Tres anclados en París*. El 13 de julio volvían a publicar sobre el proceso, informando que por decisión de la Cámara del Crimen sigue el proceso a Vaccareza. El seguimiento del caso, más allá de su contenido informativo, buscaba mantener al público exhibidor y productor al tanto de las discusiones y de la complejidad legal e institucional del tema de la censura.
49. *Heraldo del Cinematografista*, 24 de octubre de 1934, año IV, N° 173.

público frente a las malas películas. Éste se desconcertaba porque veía un buen filme nacional y luego dos malos y esto lo llevaba a repudiar al cine nacional, lo que tenía como resultado una competencia desleal frente al cine extranjero.

El 17 de noviembre de 1937 se publicó una nota titulada "Al margen de un gran Éxito Argentino", donde se planteaba la necesidad de:

> [...] "levantar la puntería" no por satisfacer las aspiraciones de quienes, desconociendo la industria, pretenden imponer normas inaceptables y en disonancia con las necesidades y exigencias del mercado, sino para atraer hacia el cine autóctono un sector más vasto de público. Se oía decir a menudo "que el público quería reír" y olvidando las dificultades de la realización de films cómicos, se perpetuaban sobre idénticos moldes y con escasas aspiraciones [...].[50]

Es probable que la referencia a los desconocedores de la industria se dirija entre otros al mismo Pessano, así como a los miembros de la Comisión Asesora de Contralor Cinematográfico, que no comprendían sus medidas dentro de una lógica de mercado para aumentar la venta de entradas.

En este sentido, las políticas estatales de fomento se destinaron a premios y estímulos que respondían a las mismas inquietudes de Carlos Pessano. En 1937, se crearon dos premios anuales de 2500 pesos a las mejores películas sono-parlantes que se estrenasen en la Capital Federal, adjudicados a la mejor película con intérpretes niños, y:

> a la mejor película argentina que por su argumento y lugar de rodaje contribuya en mejor forma a dar a conocer las bellezas del suelo argentino, las costumbres tradicionalmente nacionales y la realidad de la intensa vida de nuestras ciudades. Estas películas habrán de ser estrenadas en la Capital Federal y serán beneficiados los propietarios legales de la misma.[51]

---

50. *Heraldo del Cinematografista*, 17 de noviembre de 1937, año VII, N° 330.
51. Ordenanza 8855/9523, S 10-XII-937, P 27-VI-938.

Si bien este discurso no estigmatizaba a la ciudad, ya que se trataba de las mismas ordenanzas municipales, instaba a la búsqueda de otros escenarios, paisajes y tópicos.

Así, el "buen gusto", lo censurable o no, lo vulgar, fueron terreno de tensiones entre diferentes intereses y perspectivas sobre la argentinidad y el gusto popular en los años treinta. Hobsbawm remarca para el caso del jazz que lo interesante de esta propagación es lo que se estaba difundiendo: "[...] Una de las varias clases de creación cultural y artística novedosa que salieron, a finales del siglo XIX, del entorno plebeyo, principalmente urbano [...]" (Hobsbawm, 1999: 242). Agrega que sucede lo mismo con el tango de Buenos Aires, por el cual la música latinoamericana obtuvo un lugar permanente, aunque secundario, en la pista de baile internacional junto al jazz. Es sabido que el tango contaba con un gran reconocimiento entre los músicos norteamericanos. Andrea Matallana remarca que aun cuando el *jazz* y el *shimmy* opacaron al tango e instalaron una nueva forma de bailar y expresarse, en la década del veinte varios músicos y orquestas de tango se presentaron en las estaciones de radio norteamericanas más representativas, y en escenarios importantes. Se mantuvo así en escena. Sin embargo, el tango no llegó a configurarse como un producto de consumo masivo. Durante esta década, el tango:

> [...] se expresó como parte de las costumbres liberales entre hombres y mujeres, con proximidades físicas y un frenesí que no fue exclusivamente una construcción parisina. La posguerra europea instaló este clima melancólico como una necesidad de recuperar este pasado inmediato, de recobrar el deseo, un ideal de belleza y seducción. (Matallana, 2008: 76)

Hobsbawm, al preguntarse por el éxito de la difusión del jazz frente a otras artes urbanas y plebeyas contemporáneas, plantea que "[...] La música negra estadounidense se benefició de ser norteamericana. No fue recibida meramente como algo exótico, primitivo, no burgués, sino también como algo moderno." (Hobsbawm, 1999: 243). Asimismo, señala como otro elemento fundamental su triunfo como música de baile en plenos procesos de revolución del baile y emancipación de las mujeres. Para el caso del tango, Sergio Pujol remarca que al traspasar el ámbito prostibulario, éste "[...] se convierte en la voz original del coro étnico y cultural, la lengua de Babel" (Pujol, 1994: 176), precipitando su masividad. En este sentido, en los años veinte, el tango comienza a transformarse en la banda de sonido de una sociedad en la cual las ideas de "lo nuevo" y "lo moderno" articulaban las intervenciones culturales.

La presencia cinematográfica inicial del tango en el mundo está marcada por el suceso internacional que provocó el bailarín Rudolph Valentino. Desde 1912, se registran películas que tomaron al tango como *Max, proffeseur de tango*, con el actor francés Max Linder, o en los primeros cortometrajes de Charles Chaplin, donde en algunos baila efectivamente el tango, y en otros aparece la palabra "tango" en el título pero no hay ningún baile similar. Pedro Ochoa remarca que en muchas ocasiones la palabra "tango" aparece casi como sinónimo de baile (Ochoa, 2003: 14). De todos modos, es a partir del estreno de *Los cuatro jinetes del Apocalipsis*, en 1920, donde Rudolph Valentino baila el tango, cuando de algún modo se conforma como mito fundacional de la imagen del baile de tango en el mundo. El mismo autor remarca que esta escena "[...] pinta al tango como una danza sensual y exótica." (Ochoa, 2003: 23). La película se basa en la novela de Blasco Ibáñez, que había sido un éxito de ventas en los Estados Unidos. El filme posee varios gestos que buscan aglutinar una imagen de lo argentino e hispano, ya que aparecen gauchos en el barrio de La Boca, paisanos tomando mate en los cafés de tango y vestuarios típicos andaluces. Tanto Ochoa como Jorge Couselo remarcan que el fenómeno de actuar vestidos de gaucho estaba relacionado con las exigencias sindicales europeas, en este caso francesa, por la que no podían actuar músicos extranjeros a no ser que tuviesen una característica particular que no pudiese ser hallada en el país. En relación a la segunda escena de la película donde aparece el tango, en un *thé-tango*, un cabaret de París, Ochoa señala que esta tiene el mismo carácter fundacional que la primera.

> [...] Si en La Boca vimos a un Valentino rudo, áspero, capaz de manejarse con los códigos de agresividad de un país exótico, en París lo veremos fino, elegante, capaz de tratar a una dama. Y es precisamente esta dualidad lo que atrae de Valentino. [...] El hallazgo de Valentino fue armonizar, en una misma persona, amor sublime y erotismo salvaje. A través del erotismo controlado del Tango. (Ochoa, 2003: 26)

Este autor remarca que en los filmes de Valentino era confundido a menudo el tango español con el tango rioplatense, sobre todo en su siguiente película, *Sangre y Arena*, donde aparece el cliché de la flor en la boca. No obstante, frente a las diversas críticas de la época al filme, señala que el baile de Valentino sí tuvo relación con el método de los bailarines de la Vieja Guardia.

Sergio Pujol subraya que:

> [...] Más allá del malestar que su erotismo produce en los varones argentinos –y del mundo entero, lógicamente–, Valentino tiene para el público porteño el atractivo del origen latino, la posibilidad de una revancha en un mundo dominado por el meridiano anglosajón. El *latin lover* es, además, un bailarín de tango [...]. (Pujol, 1994: 108)

En este sentido, es interesante remarcar cómo las imágenes construidas en el extranjero sobre los procesos culturales de una nación también son influyentes en la configuración de las identidades locales. De esta manera, podría pensarse que existió un fluido intercambio entre las representaciones cinematográficas locales sobre la argentinidad y las del extranjero, ya sea para diferenciarse o para copiar fórmulas exitosas.

Las comunidades imaginadas de la música en el cine

La música fue un factor de suma importancia en el delineamiento de la cantera de sentidos de las *comunidades imaginadas*, en términos de Benedict Anderson. Su importancia en la construcción de identidades nacionales y populares, para el cine, significó que se convirtiese en un elemento clave de las estrategias comerciales y la búsqueda de mercados. Las producciones de los Estados Unidos para el mercado latino buscaron agrupar al público hispanohablante en una identidad común. La música se erigía como el antecedente tradicional en el plano de las representaciones para la configuración de una cultura común.

Los estudios norteamericanos también produjeron otro tipo de filmes diferentes de los que se analizarán en el siguiente apartado. Éstos, de tipo documental, buscaron dar imágenes de la lejana América del Sur. La Metro Goldwyn Mayer, en 1932, produjo *Romantic Argentina*, un documental de nueve minutos dirigido por James FitzPatrick, que fue parte de la serie *Traveltalks*. Dentro de la misma, también ha realizado *Norway: Land of the Midnight Sun, Siam to Korea, Charming Ceylon, Rural Mexico*, entre otras, en la década del treinta. Nathaniel Shilkret fue el director musical de la llamada *The Traveltalk Orchestra*, que se encargó de las piezas musicales de estos documentales. Es probable que estos cortos se exhibiesen antes de las películas principales y tuviesen como fin ofrecer imágenes y recrear imaginarios culturales de diferentes lugares que no fuesen completamente desconocidos para el público norteamericanos; aunque sí de difícil acceso. "The voice of the Globe", dice el subtítulo sobre la figura del planeta tierra con un rostro femenino con ojos grandes.

La función del corto es sumamente pedagógica. Primero, se muestra un mapa y se ubica a la Argentina y a la ciudad de Buenos Aires con una animación, y brevemente la voz en off relata la historia de su fundación. En cuanto a la música, empieza con una melodía de tango tocada

por la orquesta, con el fin de dar más pistas al espectador sobre el lugar al que se refiere, aun cuando la postal
de la Buenos Aires de tango no aparece en imágenes. En
Romantic Argentina, la capital porteña es presentada como
una de las ciudades más ricas del mundo y una de las más
grandes de Sudamérica. Las imágenes muestran una ciudad
a orillas del Río de la Plata en el paseo de la Costanera
Sur, se detallan los monumentos más impresionantes de la
ciudad como la estatua de Lola Mora y el Monumento a
la Carta Magna y las Cuatro Regiones Argentinas –localmente conocido como el Monumento de los españoles–,
mientras la voz en off resalta la belleza de sus monumentos
y sus parques, imprimiéndose sobre planos generales de la
ciudad, los monumentos y la Plaza de Mayo. La música
cambia hacia una zarzuela, y la orquesta hace diferentes
variaciones de la misma.

Se retrata una imagen moderna, a partir de una calle
Florida de negocios y de gran presencia del transporte. Los
primeros planos a las personas tienen la intención de mostrar a los habitantes del lugar, los orígenes y tipos nacionales de la inmigración y sus prácticas y costumbres. Las
miradas a cámara por momento dejan ver el carácter documental del cortometraje. Al filmar el Tigre, una barca con
un bandoneonista y un guitarrista tocan y cantan una versión de *Una rosa para mi rosa (La rosa encarnada),* con un
ritmo más cercano a los géneros del folklore rural, que para
la época se hallaban más desdibujados, como podría ser la
chacarera o el chamamé, por la presencia del bandoneón.
Esta canción, compuesta por Saúl Salinas, había sido graba-
da por el dúo Gardel-Razzano años antes, en 1917, para el
sello Odeón. Estos ritmos continúan a la hora de presentar
al Hipódromo de Palermo, donde vuelve a cambiar a un ritmo foráneo. El único personaje que se presenta para narrar
un pequeño episodio gracioso, es Benito. Mientras pinta de
colores a las palomas, la música cambia hacia un ritmo que
podría acercarse a una habanera. Es sabido que la habanera
ha tenido gran influencia en el tango.

Hacia el final, aparece el universo rural con la figura del gaucho, las ropas típicas y los bailes donde se toca una suerte de vals con variaciones para el zapateo de un baile similar al malambo, y como ícono final emerge el mate. La cámara se detiene a registrar todo el proceso de preparación del mate y la costumbre de beber en grupo.

Este compendio de postales buscaba combinar una imagen moderna y tradicional de la Argentina con un pastiche musical latino que apelase tanto a una audiencia hispanohablante general, como a una anglosajona, para que ambos públicos pudiesen configurar diferentes representaciones de lo latino y de lo específicamente nacional, en este caso argentino. La música está presente a lo largo de todo el cortometraje y tiene una importancia cabal para la identificación del espectador con aquellas imágenes.

En relación al cine de ficción de los años treinta, Marvin D'Lugo (2007) señala que Carlos Gardel y Libertad Lamarque, como figuras icónicas asociadas al tango, fueron quienes contribuyeron a la promoción de una forma de identificación cultural para las audiencias hispanohablantes locales y transnacionales a través del género musical. Este autor sostiene que tanto los filmes argentinos y las películas producidas por el sello Paramount desarrollaron estrategias intertextuales similares que explotaron la espectacularidad del sonido y colaboraron en la formación de una comunidad hispánica transnacional basada en una cultura compartida del público. D'Lugo sostiene que "[...] Hollywood inventó una versión moderna del concepto geopolítico de una comunidad hispanohablante sin fronteras como mercado de consumo de sus productos, y Gardel fue su abanderado." (2007: 149). El autor propone que la idea de la "transnación hispana" explica el éxito en el mercado hispano de estas películas. La transnación se refiere a una población desterritorializada, con una larga tradición de migraciones y reforzada por el reconocimiento de una cultura común forjada en la misma lengua y ciertas costumbres y tradiciones. En este sentido, afirma que el triunfo de esta fórmula cinematográfica "[...] reside precisamente en la manera en que coincide con la realidad histórica de la transnación hispana." (2007: 149).

Asimismo, Diana Paladino, en su estudio sobre la figura de Libertad Lamarque, también subraya que ella fue una pieza fundamental para la conquista del mercado latinoamericano: "[...] el público latinoamericano se fascinó con el acento y el decir porteños y apreció cada uno de los tangos que Lamarque interpretaba." (1999: 62).

Este rol de los artistas en el mercado regional suscitó diferentes inquietudes para la industria local frente a la competencia extranjera. *Heraldo del Cinematografista* publicó una nota en agosto de 1938 sobre la propuesta de la R. K. O. a Libertad Lamarque para cantar en dos películas en Estados Unidos. Allí se planteaba:

> [...] una vez más se ha dicho que los americanos "desmembrarían" el cine nacional, llevándose las figuras cotizadas, tal cual lo han hecho en Francia e Inglaterra. No creemos en ese peligro. [...] Ya se sabe que los directores de películas habladas en español "made in U.S.A." no se destacan por su habilidad, ni le brindan el tiempo y el capital necesario para realizar obras de verdadero mérito. En efecto, si a Libertad Lamarque le ofrecieran un Borzage, un John Ford o un Clarence Brown, ella y el cine nacional se beneficiarían, ya que Hollywood nos devolvería una estrella de valor internacional, pulida en las manos de verdaderos maestros [...].[52]

La cita, por un lado, destaca cierta inquietud por una especie de vaciamiento del *star system* local, y por el otro, una crítica al lugar de los filmes "a la hispana" en el mercado de los Estados Unidos, que contando con figuras tan destacadas podría colaborar con el fortalecimiento y proyección de las cinematografías latinoamericanas. Las preguntas sobre los ofrecimientos a los artistas eran moneda corriente en las publicaciones especializadas. Las respuestas

---

52. *Heraldo del Cinematografista*, 17 de agosto de 1938, año VIII, N° 368, pág. 139.

eran variadas, pero a menudo eran valoradas positivamente aquellas contestaciones que daban cuenta de una lealtad con la cinematografía nacional –*Cine Argentino* publica en 1938 un reportaje a Luis Sandrini en donde dice "no me voy a Estados Unidos porque me queda a trasmano"–.[53] No obstante, la revista dirigida por Chas de Cruz, hacia el año 1939, señala cierto cambio en la política de producción de filmes en Hollywood con referencialidades latinoamericanas. Con el objetivo de ganar estos mercados, acrecentarían la inversión, y ya no se rodaría con fondos con doble exposición, sino que comienzan a viajar los protagonistas para filmar en esos países.[54]

Los estudios norteamericanos comprendieron la importancia de desarrollar una producción orientada al mercado latinoamericano, así como también de la explotación de los tópicos extranjeros para la audiencia anglosajona, delineando de esta manera diferentes imágenes de las naciones de América Latina y de lo latino en general, donde la música tuvo un rol fundamental. En el escenario nacional, los estudios argentinos se valieron de maniobras similares a las de la industria de los Estados Unidos, en cuanto a las formas genéricas, al rol de la música, y las estrategias comerciales, al mismo tiempo que buscaron imprimirle su color local.

Como se señaló anteriormente para el caso del jazz, el tango fue una pieza clave para el desarrollo de los géneros cinematográficos en la incipiente industria argentina. Silvia Oroz remarca que:

> [...] la base más aparente del melodrama fue la música popular de los países del continente y el Caribe. Así el tango es una obvia referencia al melodrama argentino [...] De esta manera, a través del tango, expresión urbana de la música popular queda sellada una característica esencial del melodrama argentino: su rasgo urbano. (Oroz, 1995: 96)

---

53. *Cine Argentino*, 29 de diciembre de 1938, año I, N° 34, pág. 6.
54. *Heraldo del Cinematografista*, 5 de julio de 1939, año IX, N° 414, pág. 89.

Los géneros presuponen trabajar con estereotipos y fórmulas narrativas aceptadas socialmente, determinadas por la censura social, al mismo tiempo que le permite a la audiencia desarrollar una visión doméstica del mundo. De este modo, los géneros no son ahistóricos, sino que se hallan en constante mutación en relación con su contexto histórico-cultural y las necesidades del mercado.

En esta dirección, es interesante pensar cómo variaron las representaciones del tango y su uso en los géneros en ambos contextos, y cuáles fueron sus diferencias. Frente a la crítica local, la competencia extranjera, y en un escenario donde la industria del entretenimiento se percibía dinámica y moderna ¿cómo construir historias de éxito para el tango que construyesen imágenes de lo nacional y de la modernidad argentina? ¿De qué modo estas películas se valieron de los géneros cinematográficos y del sistema de estrellas vinculado?

Diana Paladino plantea que, a partir de la fórmula gardeliana, la trilogía de películas protagonizada por Libertad Lamarque y producidas por la SIDE (Sociedad Impresora de Discos Electrofónicos) le permitieron a la actriz y cantante no quedar atada a un estereotipo tanguero, "[...] le permitía inscribir su imagen, todavía no delineada cinematográficamente, fuera del abanico iconográfico arrabalero sin sacrificar sus dotes de cancionista de tangos." (Paladino, 1999: 67). En esta misma dirección se halla la película anterior a la trilogía de Ferreyra que protagoniza Lamarque, donde se explota la espectacularidad del tango y su predominancia en la radiofonía y la industria discográfica. De este modo, en sintonía con muchas producciones del período se construía una imagen de éxito del tango que lo legitimaba como ícono de la argentinidad.

Su actuación en esta película, *El alma de bandoneón,* dirigida por Mario Soffici en 1935, la fue consolidando en la prensa de la época como actriz melodramática. El filme narra la historia de una pareja –Lamarque y Santiago Arrieta–, hijos de familias acomodadas de la provincia de Buenos

Aires y apasionados por el tango. Fabián –el personaje de Arrieta– llega a la casa paterna luego de una larga estancia en la ciudad por sus estudios. En medio de una fiesta organizada para recibirlo, le confiesa a su prometida que ha dejado sus estudios de agronomía y que no quiere hacerse cargo de la estancia familiar porque prefiere dedicarse a la música. La novia lo apoya y lo acompaña, sin embargo, esta decisión desata la cólera de su padre, quien lo expulsa de la familia, y ambos escapan a la ciudad.

Es notable que Elda –Lamarque– alcanza a su novio en la mitad de la noche a toda velocidad en coche. La persecución dura un minuto y medio, alternándose planos generales que muestran la ruta desde fuera y dentro del camino, lo que refuerza la urgencia del personaje. Elda representa una mujer con algunos rasgos propios de las mujeres modernas. Ella también desafía la autoridad materna por su amor, y al partir a la ciudad también se dedica al canto como un trabajo, no como un pasatiempo. En la ciudad, los enamorados se casan y comienzan una vida humilde, intentando desarrollar su carrera como artistas presentándose en distintas audiciones de radio. Pero la intervención de Enrique, un amigo de la familia de ambos que está enamorado de Elda, bloquea sus posibilidades de triunfo, al extorsionar con el aumento de publicidad a los dueños de las estaciones de radio. El afán de lucro está reforzado mediante la asociación de la inmigración judía con la idea de lucro, imagen que venía de los estereotipos del sainete de la década precedente. El dueño de la radio, por ende, tiene este acento. La película juega con los textos que salen de la radio para hacer guiños irónicos al espectador. Tras el acuerdo con Enrique, se escucha la publicidad probablemente pagada por él mismo que dice "y no olvide señora que el nombre de nuestra casa es una garantía de honestidad". El filme retrata al mundo radial de las audiciones y los arreglos entre los dueños de las radiotransmisoras y los auspiciantes, que en más de una ocasión perjudicaban la calidad artística de los programas, como se señaló en el capítulo anterior.

El paso del tiempo sigue las reglas del cine clásico, sin saltos abruptos en la temporalidad que rompan la causalidad del relato. La progresión temporal se construye a través de montaje de corte directo, o bien por sobreimpresión, como la sucesión de los nombres de los meses sobreimpresos en la imagen de ellos dos. La banda sonora acompaña la progresión del relato, donde al principio lo hace con una música alegre –las imágenes muestran el nacimiento de su hija–, y con el transcurrir de los meses va mutando a una música más tenebrosa, mostrando la ruina económica en la que van cayendo. La sobreimpresión también es utilizada hacia el final para mostrar la progresión del éxito del personaje de Arrieta en la prensa y la radio, a partir de los titulares y noticias de diarios, tapas de discos, y sobre un cantor de tangos que canta *Cambalache*. Sobre un plano de éste con fondo negro, se sobreimprimen aparatos radiofónicos con planos detalle de manos que la sintonizan, en distintos ángulos del cuadro y escenas de diversas personas que escuchan la radio. El recurso no solo da cuenta de la representación de las distintas industrias culturales ligadas al tango y de los nuevos hábitos de consumo de amplios sectores de la sociedad, sino que también colabora en la construcción de una imagen de visibilidad social del tango y de los artistas y trabajadores de esas industrias culturales. Las diferentes escenas que retratan las prácticas de oír la radio sobreimpresas al cantor de tangos, muestran desde hombres y mujeres solas, trabajadores en descanso, niños, personas mayores, todos tomándose el momento de escuchar la radio. La variedad de personajes que la escuchan refuerza la idea de la masividad de la radiofonía, hecho indiscutido para mitad de la década del treinta. Hacia el final del tango las manos que sintonizan la radio giran alrededor de él por animación para subrayar la idea de masividad y cotidianeidad.

Cuando la hijita bebé muere, por culpa de sus penurias económicas, llega la fatalidad a la pareja. Fabián, sintiéndose culpable, deja a Elda, y ésta se marcha a la casa de su madre.

El uso de los primeros planos tiene una intención narrativa muy marcada, que centra la causalidad en los personajes. Mientras Elda llora en una mecedora la muerte de su hija, el montaje va de su cara llorando a uno general que muestra al espacio vacío y oscuro para subrayar la desgracia. En la construcción del espacio, en los momentos de tensión se subraya la emoción de los personajes a partir de planos que buscan recrear ciertos recursos expresionistas en cuanto al manejo de la luz y los claroscuros, y la composición de los planos.

Durante este tiempo Fabián, por consejo de su amigo Maneco, que oficia de *manager*, consigue triunfar en la radio y en la industria discográfica gracias a utilizar un nombre falso, Romeo Ibañez. Elda decide volver a la ciudad a buscar a su esposo –también su padre quiere encontrarlo–; y gracias a una amiga en común, una cancionista llamada Calandria, se enteran de que Fabián es el famoso Romeo Ibañez. Calandria arma un plan para que la pareja se reencuentre. A Fabián le han ofrecido, desde la Comisión de la Fiesta del Tango, cuyo festival se celebra en el Teatro Colón, integrar una de sus composiciones y dirigirla. Él acepta con la condición de que no se revele su verdadero nombre. Maneco le cuenta que ha sido Calandria quien lo ha sugerido en la Comisión, y que debe componer un tango para que ella lo estrene esa noche y, así, sea elegida la reina del tango. Finalmente, Elda reemplaza a Calandria y la pareja tiene su final feliz en el escenario. Es destacable que el uso del pseudónimo en el filme demuestra cómo el cine utiliza y construye un sentido común y un imaginario que pertenece al mundo de la radio.

Como se ha observado anteriormente, la legislación del período da señales de la popularización del tango y de la importancia en reglamentarlo e incorporarlo como fenómeno cultural. Se decía que estos procedimientos de inclusión, por un lado, denotaban las prácticas culturales y del entretenimiento, pero por el otro, también un modo de "sanear", de controlar y encuadrar bajo los parámetros estatales experiencias culturales que pudiesen ser transgresoras de los cánones legitimados. En esta dirección, se han mencionado anteriormente las restricciones al léxico arrabalero en los concursos de composiciones, así como también las iniciativas municipales radiofónicas en el Teatro Colón, desde el gobierno de Marcelo Torcuato de Alvear, alentadas por su esposa, Regina Pacini, para difundir el canto lírico en la sociedad.

En 1936, el Consejo Deliberante de la ciudad de Buenos Aires dictó otra ordenanza que determinaba que la:

> [...] instalación de la nueva "Broadcasting" Municipal dependerá directamente del Teatro Colón, bajo los aspectos artísticos, administrativos y financieros y sus transmisiones serán utilizadas con fines de propaganda comercial con la expresa condición de que se irradiarán todas las funciones que se realicen, bajo la responsabilidad del directorio del teatro.[55]

Estas reglamentaciones revelaban no solo la importancia de la radio para la difusión de la cultura nacional legitimada en uno de sus teatros más importantes, sino también la irrupción de la cultura de masas en diferentes ámbitos. En este sentido, la introducción del Teatro Colón como locación en el filme se enmarca en este clima de época. La película rueda en el mismo teatro con cien bandoneones en escena, convirtiéndose en un acontecimiento destacable por la prensa de aquel entonces. La escena resalta la grandiosidad del Colón con planos generales que ofrecen una visión panorámica de todo el teatro desde el escenario, estéticamente se enaltece a la orquesta de tango; y culmina con la entrada de Libertad Lamarque para cantar el tango *El alma de bandoneón*, que da título a la película. La fama de Lamarque y la referencia al Teatro Colón interpelan directamente a la audiencia que hasta hace no pocos años asistía a la performance en vivo de números musicales antes

---

55. Ordenanza 7307 (BM 4279), S 15-XII-935, P 8-I-936, art. 3.

de las proyecciones. El número no pierde relación con el argumento, pero el cuidado estético y los primeros planos de Lamarque lo convierten en una suerte de primitivo video clip. Un teatro lleno de aplausos da final al filme que sigue hasta los créditos. El final imponente corona el éxito del tango y su legitimidad social.

En 1936, la Municipalidad de Buenos Aires creó la Fiesta de la Canción Popular, que consistía en un concurso a diferentes composiciones –como el mencionado anteriormente, donde se incluía un tango "aceptable"–, y luego se interpretarían en una fiesta que tendría lugar en un amplio auditorio designado por la Comisión que la regulaba, y se transmitirían las obras por radio.[56] Es un dato curioso que Soffici un año antes de esta ordenanza haya incluido en el argumento una celebración de iguales características.

Si bien el filme delinea una imagen triunfal del tango en los diferentes sectores de la sociedad, resaltando su espectacularidad, la crítica más conservadora no fue tan benévola. *Cinegraf*, tras el estreno de la película, decía:

> el estreno de esta película local ha constituido una pareja manifestación de incultura. La demostró un público espeso procedente de los teatros de sainete que aplaudía insistentemente letras de tango en las cuales se hace una franca apología del delito, la demostró la orientación impresa al espectáculo y el elenco de intérpretes sin excepciones de ninguna especie. Otra vez ocupan las pantallas adinerados universitarios que son expulsados del hogar por querer dedicarse al culto de los tangos. Todas las películas vernáculas parecen tener que girar en torno de esa presunta "música nacional".[57]

La referencia directa aquí es a la crítica de septiembre de 1934 del filme *Cuesta abajo*, protagonizado por Carlos Gardel, que ya se ha marcado.

---

56. Ordenanza 9043, S 21-XII-937, P 12-I-938, art. 1.
57. *Cinegraf*, febrero de 1935, año IV, N° 35, pág. 42.

Con respecto a la calidad de los filmes, uno de los puntos que más preocupaba a la editorial de la revista radicaba en la afirmación de que el cine nacional se basa en los inconvenientes de las películas extranjeras. En esta misma nota, titulada "Los enemigos del cinematógrafo argentino", agrega que el criterio "suicida" de los directores se basa, por un lado, en que originan filmes alrededor de la popularidad de una figura de la radiotelefonía, el teatro o el deporte, y por el otro, en la copia de situaciones y ambientes de películas ajenas, ya sea de temas propiamente norteamericanos o no. "[...] Se nota en este caso que los directores locales, influenciados por lo yankee, son tentados por el gusto artístico convencional impuesto por Hollywood. Y en este terreno puede vaticinárseles desde ya el más completo fracaso [...]".[58] De este modo, la crítica al filme de Soffici radica no solo en colocar al tango como música nacional, en coronarlo como profesión respetable, en inmortalizarlo en los ámbitos de la alta cultura, sino también en ser cinematográficamente pobre al copiar las narrativas de las películas norteamericanas sobre lo argentino, que por extranjeras no poseen "[...] la raigambre de ese espíritu argentino (que) hay que buscarla en el ambiente geográfico-humano que condiciona y particulariza nuestros sentimientos".[59]

Técnicamente del filme agrega que:

> [...] a través de la antihigiénica lobreguez del desarrollo, con su fotografía cruda y deficiente a causa, especialmente, del arrinconamiento continuo de los personajes –hay que hacer excepción de unos veinte metros de exteriores bien registrados–, con su inconcebible empleo de recursos técnicos ya abandonados por cansancio, con su abrumadora abundancia de torpes gazapos, con su pretensión de modernismo que hace ridículos al extremo en su cursilería los decorados y las vestimentas [...] esa película es impropia de la cultura

---

58. Ibídem, pág. 24.
59. Ibídem, pág. 24.

cinematográfica del público argentino y una contribución eficiente a la preferencia de la masa hacia todo aquello que implique una ofensa del buen gusto.[60]

La crítica es interesante y válida en gran parte para el modo en el que se construyen las puestas en el filme, lo que enriquece y complejiza el discurso de Pessano, en el cual la defensa de los valores tradicionales y las buenas costumbres conservadoras se fundaba desde un lugar moderno y de una crítica cinematográfica técnica.

Si revistas como *Cine Argentino, Heraldo del Cinematografista, Antena, Sintonía, Radiolandia*, entre otras, se preocuparon por "tutelar" el gusto de la audiencia, por elevar el criterio artístico informando, instruyendo, alentando cierto tipo de producciones, la posición de *Cinegraf* frente a lo que se refiere como "público de sainete" es sumamente excluyente; las masas hasta casi están por fuera de lo que debe ser el público argentino. La introducción de un tango como *Cambalache* debe de haber provocado la indignación de Pessano. La crítica a Soffici mismo también es impiadosa, de él dice que se trata de "[...] un comediante de escenario a quien 'se improvisó como director de películas' sin sentido del gusto y del cine [...]".[61] Quizás en este ataque directo haya influido la adscripción política de izquierda de Soffici.

No obstante, las masas fueron al cine. Según los registros de *Cine Argentino*, la película se mantuvo en cartel durante mucho tiempo. Para diciembre de 1938 se siguen registrando proyecciones de la película en las salas porteñas; muy pocas, alrededor de dos por semana, pero aun así en vigencia luego de casi cuatro años.[62]

---

60. Ibídem, pág. 42.
61. *Cinegraf*, febrero de 1935, año IV, N° 35, pág. 42.
62. *Cine Argentino*, 22 de diciembre de 1938, año I, N° 33.

Criollitas, tangueros, chinitas y fox-trot. Imágenes del extranjero y la patria en la construcción de identidades culturales argentinas e hispanohablantes

Diana Paladino subraya que si el tango bailado fue uno de los atractivos de la última parte del cine mudo, el *tango canción* fue el gran atractivo de la primera etapa del sonoro. "La innovación del sonido y el éxito simultáneo de Gardel en París incorporaron súbitamente la figura del canto como personaje central de los melodramas tangueros..." (Paladino, 2002: 67). La autora señala que, a diferencia de las mujeres, el centro, el cabaret y Buenos Aires lejos están de ser sinónimo de vicio y perdición, para convertirse en la puerta al éxito. Para el cantor de tangos implica fama y dinero en un itinerario que se completa con el triunfo en París y Nueva York. De esta fórmula narrativa se valieron tanto filmes nacionales como norteamericanos.

Siguiendo el planteo de Paladino, los viajes y los exilios amorosos o económicos en los textos fílmicos de la época, si bien eran las excusas para "volver con la frente marchita" a la patria y al hogar, también emergían como espacios de triunfo, de éxito de los artistas y de la proyección internacional del tango, principalmente en Nueva York y París, como capitales culturales del mundo. No obstante, esta conquista no sería privativa del universo masculino. La representación de artistas trabajadores ligados al desarrollo de las industrias culturales había permitido el ingreso de las mujeres a este mundo; las cancionistas también participaban de la carrera del éxito y el ascenso social.

El 15 de febrero de 1939, *Heraldo del Cinematografista* elogiaba *La vida es un tango* dirigida por Manuel Romero, hablada en castellano, y remarcaba el carácter popular de la misma –recomendada para cines populares–.[63] El filme de Romero, protagonizado por Hugo del Carril, Sabrina

---

63. *Heraldo del Cinematografista*, 15 de febrero de 1939, año IX, N° 394, pág. 262.

Olmos, Florencio Parravicini y Tito Lusiardo, comienza a principios de siglo, en la Buenos Aires de 1903, y traza una historia del tango al estilo de las cabalgatas tangueras de la década llegando hasta el año de producción de la película. Tras los títulos, una placa aclara que "El autor no ha pretendido realizar una historia cronológica de nuestra música popular, sino evocar los comienzos difíciles, el desarrollo aventurado, y el triunfo final de la canción criolla, por excelencia, del tango, vilipendiado en sus orígenes y aceptado actualmente por todos los públicos del mundo". La película narra la historia de dos artistas de tango, Raúl Contreras (Hugo del Carril) y Elisa Quintana (Sabrina Olmos), desde sus comienzos cuando el tango recién empezaba a tener letra y ser cantado, hasta su triunfo en la radio y los escenarios internacionales.

Raúl va a buscar a su padre (Parravicini), que trabaja en un teatro de varietés y al que no veía hace tiempo, para decirle que él también quiere ser un artista y dedicarse al tango. Si bien la reacción inicial del padre es de rechazo hacia la decisión de su hijo, porque quiere que estudie y porque lleva un apellido respetable, rápidamente lo apoya y acompaña, comprendiendo su verdadera vocación. El guión de la película está lleno de textos elogiosos al tango y a la lucha de la cultura popular por ganarse un lugar en la sociedad. El personaje de Raúl en los primeros minutos del filme dice "yo siento que algún día cantar tango será un arte que dará gloria y dinero, yo sé que costará mucho sacrificio imponernos, pero cuando buenos músicos y orquestas lo toquen con entusiasmo, cuando verdaderos artistas interpreten el tango argentino será famoso en todo el mundo, se lo juro...", vaticinando el éxito de esta música a nivel internacional. En este caso, los padres acompañan a los hijos, los defienden y hacen sacrificios por ellos en el recorrido de ascenso social a través del tango. Este pasaje de ascenso simbólico-geográfico se enfatiza en la película con el recorrido de un teatro a otro, de un contrato a otro, para finalmente cruzar el Atlántico y llegar a París.

La estructura temporal de la película se construye a partir de diferentes momentos que se corresponden a los diversos viajes y vueltas a la patria de los personajes. Las elipsis se justifican con fundidos encadenados entre las canciones y actuaciones de los protagonistas, y es recurrente el uso de sobreimpresiones de titulares de diarios y afiches de sus actuaciones que dan cuenta del éxito de la pareja y la progresión del tiempo, sobre los primeros planos de las dos estrellas. Asimismo, el maquillaje y vestuario de los personajes retrata el paso del tiempo. El episodio de la Primera Guerra Mundial también se narra a partir de fundidos y sobreimpresiones de los diarios con la música de la Marseillaise y otro ritmo similar al del cancán francés.

Todo el filme es una suerte de homenaje a la creciente aceptación del tango en los sectores medios y altos. Los números musicales y las actuaciones se hallan dentro de la diégesis, y éste es el medio principal por el cual se introducen los tangos y canciones criollas. Todo el filme cuenta con un famoso repertorio de reconocidos compositores como Contursi, Vacarezza, Discépolo, el mismo Romero, entre otros. Los números tienen un lugar destacado en la trama pero además están filmados con una puesta teatral, como si el espectador se encontrase en la platea, recurso que podría decirse que mezcla el lenguaje del cine con el del varieté. Asimismo, los números resaltan las dotes de ambos artistas reforzando la centralidad de las estrellas propia del modelo de producción de estos años. En los únicos casos en que se introducen tangos que no son cantados en el escenario de algún teatro, igualmente están dentro de la diégesis. Esto ocurre cuando el personaje de Hugo del Carril canta el tango *Patotero sentimental* en su fiesta de compromiso con una dama de la alta sociedad en París, y tras ello, decide volver a su patria y a su antiguo amor, y también se usa este mismo recurso cuando se emborracha porque su amada se ha casado con otro; entonces Raúl, amargado y borracho, irrumpe cantando en un bar *La copa del olvido*, de Vacarezza. A diferencia de las óperas tangueras de la trilogía de Ferreyra, los tangos no son móviles de la acción, pero sí ilustran y refuerzan el estado anímico de los personajes. Otro caso es cuando en Nueva York, viejo y enfermo, Raúl pone un disco suyo y se oye el tango *Yira yira*, que enfatiza la situación de decadencia de la cual es víctima.

Los artistas en este caso aparecen como trabajadores sacrificados por el arte, por su gusto por el tango, para que "el tango salga del cafetín al escenario", por su verdadera vocación y por la necesidad de ganarse la vida; en absoluto se corresponden con los personajes de la mala vida. Como una suerte de *manager*, el personaje de Parravicini va manejando la carrera del grupo, y abriendo posibilidades cada vez más beneficiosas y de mayor visibilidad. Mientras el filme avanza en el tiempo comienza a aparecer la radio y la industria discográfica. Esto se muestra por medio de la sobreimpresión de tapas de discos con tangos célebres y de aparatos de radio y micrófonos.

La ida a París busca recrear la versión de la "tangomanía" en Europa y el clima de la primera posguerra, "tienen que olvidar cuatro años de guerra [...] este es el momento de llevar el tango a Europa", dice el personaje de Parravicini. Una vez en París, el incidente entre Parravicini y un brasilero que se hace pasar por argentino busca enfatizar con comicidad el furor del tango en París.

Sin embargo, París primero y luego Nueva York, si bien se construyen como espacios de llegada al éxito, también son los de la desdicha personal. En París, Raúl se pierde en los encantos de una niña bien de la oligarquía argentina residente en la ciudad desde hace varios años, y deja ir a Elisa con el corazón roto; hecho del cual se arrepentirá. A partir de aquí se dan una serie de desencuentros amorosos, por el cual Raúl decide partir a Nueva York para olvidarse de su amada. El final feliz llega cuando los personajes se reencuentran luego de muchos años en Buenos Aires, cuando Elisa ya es viuda y madre de una hija.

"Vamos a Buenos Aires a cantar, a trabajar", "quiero estar en mi tierra, entre los míos, volver a cantar" son los textos de Raúl al decidir marcharse de París. Es remarcable que en este caso el hombre no se pierde por una mujer de mala vida, o la vida fácil, sino más bien por una posibilidad de ascenso social matrimonial pero de modo invertido a la matriz patriarcal del melodrama, donde este lugar en general se halla reservado para las mujeres. La condición del casamiento entre Raúl y esta muchacha es que él deje de cantar. El casamiento de Elisa con un hombre de una clase acomodada también marca el final de su carrera.

Raúl, al tomar la decisión de volver de París a Buenos Aires, agrega que siente vergüenza de sí mismo, porque la dignidad viene de la mano del trabajo, del esfuerzo y de la vocación, deslizándose una crítica a la oligarquía parasitaria. La patria es el lugar del trabajo, del canto, del tango y de la felicidad.

Esta idea de trabajo está ligada a lo moderno y a las nociones del progreso y el desarrollo de la nación. Por un lado, al progreso personal en el proceso de reacomodación socio-económica propia de los años treinta con el desarrollo de la industrialización por sustitución de importaciones y los cambios en la fisonomía urbana que, ya desde las décadas precedentes, habían dado lugar a diversas fuentes de empleo y nuevas prácticas vinculadas al trabajo y el tiempo libre. Por otro lado, los progresos técnicos y las transformaciones en las condiciones materiales de producción se correspondieron con diferentes construcciones simbólicas sobre el mundo del trabajo y los procesos productivos que fueron percibidos como un quiebre entre formas tradicionales con cierto halo de romanticismo y los nuevos tiempos modernos. En este sentido, la noción del trabajo también contribuyó a enlazar las representaciones de la nación y la modernidad.

La partida a Nueva York de Raúl Contreras, tras la desilusión amorosa, también construye al extranjero como un escenario de triunfo profesional. Sin embargo, también lo retrata como un espacio impiadoso, ya que al comenzar su decadencia profesional y anímica debido a su enfermedad, se cierran todas las puertas de trabajo. Pobre y enfermo, decide volver porque "la patria lo cura todo". Una vez en Buenos Aires, se reencuentra en su concierto despedida con Elisa y recupera su voz al volver a cantar juntos.

Así, el extranjero se construye de un modo ambiguo, por un lado es un espacio de reconocimiento, de éxito profesional, de canonización del tango a nivel internacional que engrandece a la "canción criolla", pero al mismo tiempo son lugares de desdicha y, por una razón u otra, de pérdida del trabajo. La patria es el lugar de la felicidad, el hogar, la familia y el trabajo. A nivel de la imagen, las transiciones espaciales se presentan con planos exteriores de los monumentos y calles típicas de cada ciudad para luego volver a los interiores de estudio. El topos de la patria en la imagen del barco que regresa a la Argentina presenta una valoración de los relatos construidos sobre la Argentina como tierra de oportunidades, en el marco de una sociedad que acababa de cerrar su etapa inmigratoria masiva.

En este sentido, es interesante comparar con el lugar del extranjero en las películas de la Paramount protagonizadas por Carlos Gardel. Mientras en filmes como *Cuesta abajo* la añoranza de la patria es constante y se vuelve "al pago", en otros como *El tango en Broadway* y *Tango Bar* se presenta de un modo menos lineal.

En *El tango en Broadway* –dirigida por Louis Gasnier, con guión de Alfredo Le Pera–, los títulos pasan con el fox-trot *Rubias de New York*. Ésta también es la canción que el personaje de Gardel canta en la primera escena del filme, presentando a la ciudad y su estilo de vida, donde se lo muestra como un galán rodeado de mujeres. Al abrir la ventana, se muestra un plano general de la ciudad con sus altos edificios como postal de la ciudad que da pie a la canción, y se vuelve sobre el primer plano de la estrella mientras canta.

La película narra la historia de Alberto Bazán –Gardel–, un joven frívolo y poco interesado por el trabajo y los negocios. Alberto tiene una agencia que trabaja con artistas gracias a la ayuda económica de un tío muy estricto y tradicional, a quien le ha mentido diciéndole que se trata de una casa de cuero. Asimismo, Alberto mantiene una relación amorosa con una bailarina de un cabaret llamada Celia. Ante la repentina llegada de su tío a Nueva York, preparan un engaño para disimular su modo de vida frente a él. La prometida de Alberto pasa a ser Laurita, su secretaria, protagonizada por la guatemalteca Blanca Vischer –quien intenta disimular su acento y acercarlo al "argentino" durante todo el filme–, mientras Celia disfrazada comienza a hacer el papel de secretaria. En una estructura de comedia de sustituciones, Alberto termina enamorándose de Laurita, y el tío se transforma en alguien "más moderno" y se siente atraído por Celia, que le confiesa ser la misma persona que baila en el cabaret.

El filme exalta la canción criolla y enfatiza positivamente las referencias argentinas. La escena entre Bazán y los músicos argentinos vecinos de Laurita configura una imagen negativa de los Estados Unidos, como un lugar de falsas promesas. Ellos dicen que fueron allí porque creyeron que podían conquistar el mundo, pero se encontraron con que su música no era comprendida por "estos salvajes". Se muestra no solo la música folklórica argentina sino también el baile. La actitud de Bazán frente a la música y el baile delinean una Nueva York como tierra de posibilidades. Mientras ensayan las bailarinas de su agencia una coreografía, él dice "no perdamos el tiempo, ¿por qué no probamos un cuadrito criollo?" y comienza a cantar la canción criolla *Caminito soleado*, mientras Laurita les enseña a bailar. Asimismo, es quien les consigue al grupo de músicos la posibilidad de debutar en el cabaret, y quien los ayuda a conseguir el éxito cantando con ellos al final de la película en reemplazo de un cantor borracho. Es remarcable que este personaje despreocupado y gustoso de la buena vida, muestra también un costado más arraigado a los valores de la sencillez y la solidaridad, asociados a la patria. Antes de comenzar a cantar el tango *Golondrina*, mira al edificio y sus habitantes y dice "barrio latino, gente de nuestra raza, visionarios que vinieron a conquistar la gran ciudad y que sueñan con volver". Mientras canta, la cámara panea mostrando las ventanas de lo que parece ser un complejo de viviendas mostrando a los vecinos que se acercan a su ventana. Luego la cámara vuelve sobre Gardel y el grupo de músicos, y al igual que al inicio con las "rubias de New York", el cuadro se arma con la estrella en el medio rodeado de los otros que lo escuchan cantar admirados.

La armonía final se logra a partir de la resolución de la historia amorosa central y del engaño al tío, con la transformación de este personaje y el de Alberto, que dejan de ser dos personajes opuestos. El primero pasa de no querer pisar un cabaret y ser sumamente estricto a frecuentar mujeres, a ir al cabaret y entusiasmarse con Celia. Hacia el final, como "ya se ha convertido en un hombre moderno", se entera de la verdad pero decide vender la agencia porque no es un negocio para hombres serios y quiere ver a su sobrino con un hogar. Al mismo tiempo, Alberto se enamora de Laurita y busca sentar cabeza. Laurita es la mujer más respetable de la película, Celia luego también lo será, sin embargo la imagen de las mujeres del cabaret, si bien no es negativa, es utilitaria.

La estructura temporal de la película está marcada por la visita del tío a Nueva York. Las elipsis temporales se dan por corte directo en el montaje con excepción del momento en que Alberto se da cuenta que está enamorado de Laurita. La espera y el paso del tiempo se construyen a partir de fundidos de la cara de su amada en el reloj, en fundidos del cambio de las agujas del reloj que marcan el transcurso de las horas y el tic tac sobre el primer plano de Gardel y el plano detalle del cenicero con una gran cantidad de colillas. Alberto irrumpe cantando el tango *Soledad*

que retrata la escena que acaba de terminar y completa la
información al espectador sobre los sentimientos y pensa-
mientos del personaje.

Los números del final en el cabaret muestran primero
supuestamente al folklore rural argentino. El vestuario es
la principal marca de que se trata de gauchos y chinitas.
La música se asemeja a una canción campera, y el baile es
similar a las danzas folklóricas pero estilizadas con sofis-
ticadas coreografías. Si bien a lo largo de toda la película
el interés se halla en el aprovechamiento de la estrella en
los números musicales, a partir de encuadres que sitúan a
Gardel en el centro del plano, rodeado por el resto de los
personajes que lo miran admirados, también puede verse
cierta inquietud en la explotación coreográfica del baile al
estilo de la comedia musical. La danza está limitada al espacio del escenario, y en este sentido se observa una mezcla
de lenguajes frente a un espectador de cine acostumbrado al
teatro y a los números vivos. El punto de vista de la cámara
toma el lugar del público y traslada ese mismo punto de
vista al espectador cinematográfico. Sin embargo, también
se agregan movimientos de cámara y planos picados, que
buscan expresar el preciosismo del baile y de los detalles
coreográficos. De este modo, la identidad argentina a través
del baile y la música en el filme, en primer lugar pretende
ser estéticamente atractiva para la audiencia, más que completamente genuina.

En esta película no hay una vuelta a la patria, pero
tiene lugar una recreación de la patria en el exterior, lo cual
hace que la construcción del espacio extranjero se vuelva
ambigua y hasta contradictoria.

En *Tango Bar* –dirigida por Reinhardt y protagonizada
también por Gardel–, el lugar de la patria no está tan sub-
rayado, y conlleva una idea más errante de las posibilidades
del éxito a partir de la canción criolla en el mundo. La
película comienza con el plano de un puerto que recrearía
al de Buenos Aires y la cámara panea a un gran buque al
cual va subiendo la gente. Entre los pasajeros está el per-

sonaje de Gardel que parte hacia Europa huyendo de las penurias económicas –el tango *Por una cabeza* da a entender que fueron a consecuencia de apuestas en el hipódromo–. La introducción de este tango genera un momento de *flash back* donde se muestran imágenes de las carreras y del hipódromo, y se cuenta una pequeña historia del pasado, en la que el personaje de Gardel perdió todo su dinero en una apuesta. La historia transcurre gran parte en el barco, donde Ricardo Fuentes, el personaje de Gardel, conoce a la célebre artista Laura Montalván, protagonizada por Rosita Moreno. Los personajes secundarios son el fiel amigo de Ricardo, Puccini, y el Comandante Zerrillo, un estafador y ladrón que conoce a Laura desde hace tiempo y seguramente la sacó de algún apuro, a cambio de ser su cómplice. Ricardo descubre los engaños de ambos en los juegos de cartas y cómo roban una pulsera de brillantes de una pasajera, teniendo que intervenir en la situación para salvar a Laura del escándalo.

Hay una escena de la película que muestra a Gardel cantando *Los ojos de mi moza* junto a un grupo de músicos pobres que vuelven a España, y quizás otros tantos criollos –por las danzas–, en la cubierta de tercera clase. Al principio interrumpen la música al verlo de frac a Gardel pero luego terminan cantando y bebiendo. Ricardo evoca a su abuela española y entona la canción *Lejana tierra mía*, sellando en algún punto la identidad cultural hispana de América Latina. En este sentido, lo latino, lo hispano, lo argentino se conjuga en una idea más bien iberoamericana.

Al llegar a tierra firme, se asocia con el señor Ramos para montar un Tango Bar. Laura comienza a trabajar allí también gracias a Ramos, ya que Ricardo está disgustado con ella. El Comandante Zerrillo vuelve a aparecer con el conflicto de la pulsera, e intenta engañarlo. Gracias a su astucia, Ricardo sale airoso de la situación, pero decide marcharse y dejarle el bar a su amigo Puccini diciéndole que la música criolla le abrirá otros caminos. Las escenas finales se encabalgan con un tango, y por medio de un fundido, el plano siguiente es el mar abierto y Ricardo en la cubierta de un barco. Laura, que lo había seguido, lo espera en su camarote para confesarle su amor y así se reúne la pareja.

Aquí aparece nuevamente la idea del artista trabajador que busca su destino. Esos caminos son abiertos y múltiples, la canción criolla puede triunfar en cualquier parte, con excepción de la escena melancólica de los músicos en la cubierta de tercera clase, la patria no aparece como el lugar al que volver, ni el extranjero como una felicidad transitoria, o bien directamente como lugar de desdicha.

Con respecto a los géneros musicales, el número que se muestra en la película en el Tango Bar es íntegramente de tango. Mientras la orquesta toca *Melodía de arrabal*, con una escenografía que busca recrear el mundo del arrabal, se muestra a un Gardel bailarín vestido con sombrero y pañuelo al cuello. Bailan un tango con Rosita Moreno, y luego canta *Arrabal amargo* y *Por una cabeza*. En *La vida es un tango*, el énfasis por la canción criolla es una constante, mostrando los inicios donde convivían con otros géneros, y el posterior triunfo del tango canción.

En contrapartida, los números de *El tango en Broadway*, como se ha remarcado, son más variopintos, tienen elementos no argentinos y más presencia del universo del folklore rural. El número de baile interpretado por Celia en el cabaret es de danza española, no se trata de una danza argentina. La música y el baile presentan un pastiche de elementos hispanos y latinos. Gardel interpreta en esta película el fox-trot *Rubias de New York*, *Golondrinas*, *Soledad* y *Caminito soleado*, y Agustín Cornejo, uno de los músicos argentinos pobres del filme, canta *Chinita* y *Qué me importa*. Los números del final de la película son todas canciones y bailes criollos del folklore rural.

Juan Carlos Cáceres (2010), en su estudio sobre los orígenes del tango, propone que existe una suerte de "sincretismo panamericano" pero con una gran diferencia entre el mundo anglosajón y el latino español-portugués. La diferencia radicaba en que los esclavos negros de América del

Norte no tenían derecho a tocar sus tambores, mientras que en el ámbito católico era tolerado y, a veces, alentado. En este sentido, el estudio de Cáceres señala los orígenes negros del tango, inmerso en la rítmica del candombe y de la milonga. El autor marca una gran cantidad de fluidos intercambios musicales a nivel panamericano, donde a partir del fin de la Primera Guerra Mundial, jazz y tango se repartieron la simpatía del público internacional. Señala que en Buenos Aires, tempranamente, existió entre los músicos que practicaron uno u otro género una mutua atracción y colaboración. Las orquestas de Firpo, Fresedo y Carabelli grabaron charleston, one step, shimmy y fox-trot. José Bhor graba *Titina*, Gardel el fox-trot *Rubias de New York*, Mercedes Simone registra *You make me fool* (Me vuelves loco) de Donalson.

* * *

Hacia 1910, el músico pionero del tango Ángel Villoldo, rendía el primer homenaje al cine en el tango *Sacame una película, gordito*, dedicado a Mario Gallo, iniciador en el país de las películas con argumento. Jorge Couselo plantea que "[...] En el gesto de Villoldo parece anidar, asimismo, un pedido: 'fílmame, gordito' o por extensión 'filma el tango'. La requisitoria fue cumplida por los sucesores de Mario Gallo." (Couselo, 1977: 1327).

El rol de la música en el proceso de nacionalización y masificación del cine tuvo una gran relevancia. Tal como se ha observado, no obstante, la mirada estatal y los proyectos culturales hegemónicos no siempre acompañaron la configuración de las identidades culturales de la cultura de masas. Si el New Deal abrazó la cantera de sentidos que proveía una música como el jazz, la legislación argentina de los años treinta y los portavoces de un proyecto de corte tradicionalista y conservador, tutor y guardián de las buenas costumbres, verían en el tango una marca peligrosa, sino amenazante. Las industrias culturales, con sus contenidos populares, eran percibidas como deslegitimadoras de la cultura culta y del *establishment* que la sostenía.

La prensa de la época se constituyó en el espacio de este acalorado debate. Resultaría exagerado plantear que todas las publicaciones tuviesen un proyecto cultural definido sobre cuáles debían ser los rasgos del cine nacional, o bien una postura programática en torno a la cultura popular y masiva. Empero, podría decirse que a partir del lugar de las revistas en el mercado como otro bien de consumo más de los sectores medios y populares, estas publicaciones intervinieron en las lecturas que se realizaban de las películas, sin perder nunca de vista la lógica comercial de la industria y sus actores. En esta dirección, buscaron tener injerencia en la discusión pública sobre los mecanismos de regulación y la legislación de la época en torno al cine.

Mientras Pessano se refería a la industria en términos culturales y comprendía que el Instituto debía tener una función profiláctica, figuras como Chas de Cruz y Antonio Ángel Díaz, hombres de la industria que pensaban desde una lógica comercial, no tendrían frente al tango una postura lineal. El tango era una forma de consolidarse en el mercado local y latinoamericano. De este modo, sus objetivos tenían una base más comercial que de índole estético-cultural. En esta dirección, buscaron dar debate a las políticas de producción y distribución del cine argentino y, para ello, fomentaron la realización de encuestas, la publicación de estadísticas y entrevistas a los diferentes actores de la industria. El nacionalismo de *Heraldo del Cinematografista* proponía una política proteccionista para el cine.

Pero el tango se había convertido en la banda de sonido de las experiencias culturales urbanas que articulaban las ideas de lo nuevo y lo moderno con la nación, tanto a nivel local como internacional. En este sentido, la difusión tanto del jazz como del tango conllevaba la propagación de una identidad cultural plebeya y urbana que estuvo vinculada a los cambios en las costumbres, y a la liberación y modificaciones en las relaciones de género. La música fue fundamental en la cantera de sentidos de las comunidades imaginarias, y la industria cinematográfica supo ver el valor comercial de ello desde sus inicios. La política de películas hispanohablantes de los estudios norteamericanos construyó marcas nacionales, como el caso de las películas protagonizadas por Carlos Gardel para el sello Paramount, que delinearon tipos más híbridos al combinarlas con elementos que configuraban una identidad cultural hispanohablante –transnacional en los términos de D'Lugo– para un público latinoamericano común, así como para traducirlo a la audiencia anglosajona.

Frente a la competencia extranjera, la crítica local y un escenario de gran desarrollo de las industrias culturales, la industria cinematográfica argentina adoptó las fórmulas de éxito del extranjero, pero también se diferenció y exploró diversas estrategias de construcción de sus propias imágenes del tango. Por un lado, los filmes nacionales se valieron de la idea de que las grandes capitales del mundo eran parte del proceso de legitimación del tango, no obstante, la patria siempre era el lugar del trabajo y la felicidad. Se buscaba construir una historia de éxito del tango con personajes trabajadores, honrados y sacrificados en pos de enaltecer al arte argentino. Esta conquista del mundo a través del tango se había tornado una posibilidad para ambos sexos, dado que se trataba de una vocación y un trabajo. Explotando la espectacularidad del tango y su creciente importancia en las industrias culturales, en particular en la radiofonía, se reforzaba la idea del tango como ícono de la cultura argentina.

Por el otro, las películas de Hollywood, ya sea documentales o de ficción, delinearon un tango y una canción criolla con diferentes elementos regionales e ingredientes de otros ritmos más clásicos que los "estetizaban". Asimismo, estos filmes construían imágenes del extranjero y de la patria argentina que escapaban a la dicotomía. En esta dirección, los filmes de la Paramount construyeron identidades más híbridas que incluían a la criollita guatemalteca Blanca Vischer, al fox-trot de Carlos Gardel, números en vivo que mezclaban la zarzuela española y diversos ritmos latinoamericanos, como la posibilidad de no volver con la frente marchita y de no vivir con el alma aferrada a un dulce recuerdo que llore otra vez.

3

Del arrabal y el cafetín a la *broadcasting*

Imágenes del ascenso social y un tango moderno en el cine de los años treinta

El arrabal, los compadritos, las milonguitas[64] y los cafés –personajes y escenarios de la retórica del tango, los sainetes y la literatura de los años veinte– no fueron desplazados de la pantalla, sin embargo fueron puestos en diálogo con elementos más modernos de la sociedad, con diferentes transgresiones a los cánones tradicionales y en una idea de progresión y evolución de la canción criolla.

Beatriz Sarlo, para pensar el contexto cultural de Buenos Aires en los años veinte y treinta, propone la idea de una *cultura de mezcla*, donde la modernidad fue también escenario de fantasías reparadoras (Sarlo, 2007: 29). Entre la nostalgia y la fascinación, estas películas fueron construyendo imágenes de lo que consideraron el universo del tango de su tiempo, donde convergieron el culto a lo tradicional con las últimas innovaciones técnicas en la construcción de una

---

64. En relación a la noción de "milonguita", con el surgimiento de un "tango adecentado" en la década del '10, se incorpora el espacio del barrio a la antigua línea divisoria orilla-centro, y se construye un sistema maniqueo de figuras y conceptos. "[...] En este nuevo momento del tango se estableció el eje madre-hogar-barrio con una antagonista: la milonguita. La chica de barrio (Estercita) que abandonó su hogar enceguecida por las luces del centro e inició en su vida un viaje peligroso de rápidos logros y lentas caídas en noches de cabaret y champagne. Respondiendo a un sistema binario de opuestos se reacomodarán toda una constelación de conceptos: madre/milonguita; bondad/perdición; hogar/cabaret; día/noche; barrio/centro; asexuada/sexual..." (Gil Lozano, 2006: 203).

identidad común de los sectores populares. Este modernismo vernáculo, esta *modernidad periférica*, en palabras de Sarlo, o *primitiva*, como plantea Florencia Garramuño, recorrió
los diferentes discursos culturales de la época. En éstos, la
articulación entre lo tradicional y lo moderno se puso en
juego a partir de distintas antinomias como la oposición
campo-ciudad, barrio-centro, entre otras. Garramuño, en
su estudio sobre el proceso de nacionalización del tango
y el samba, plantea la importancia de evitar la separación
dicotómica de los términos *tradición* y *modernidad*, dado que
más que adjudicar a una suerte de saneamiento del tango y el samba su proceso de canonización, éste responde,
más bien, a la elaboración de un "[...] carácter 'primitivo' y
sensual de esos productos como una marca de la modernidad más atildada" (Garramuño, 2007: 40). Asimismo, esta
paradoja permite caracterizar una idea de modernidad sin
esencialismos previos y posibilita observar la complejidad
de la malla discursiva frente al tango y el samba, y no como
mera invención de una tradición.

Ahora bien, ¿de qué manera se construyeron imágenes
modernas y nacionales a través del tango? ¿A partir de qué
elementos de la cultura popular y de masas se delinearon?
¿Qué tipo de valoraciones tenía el tango según cómo se
lo tratase? En esta dirección, este trabajo indaga sobre dos
claves de lectura para sus representaciones en las películas
nacionales. El cine, en su etapa industrial, comenzó a representar un tango asociado a otras industrias culturales, principalmente la radio y la industria discográfica, que como se
observaba en el capítulo anterior, contribuyó a legitimar a
esta música como marca de la argentinidad en el cine nacional y extranjero. En los ejemplos analizados en ese capítulo,
los sistemas de personajes de las películas conformados por
padres e hijos funcionaban inicialmente de modo opuesto y
dicotómico para transformarse a favor de las nuevas generaciones para restablecer un nuevo equilibrio final, o bien
eran parte del mismo grupo como en el caso de *La vida es
un tango*, donde los padres no solo no se oponen sino que

colaboran con la elección de sus hijos de dedicarse al tango. El mundo del espectáculo se presentaba como una nueva carrera abierta al talento para estas jóvenes generaciones. En esta dirección, la noción de "generación" resulta productiva para analizar la articulación entre lo tradicional y lo moderno en la construcción de identidades y en las imágenes de ascenso social. La diferencia generacional en varias producciones de la época, vehiculizó las transgresiones y rupturas de los nuevos hábitos de la cultura de masas del período, poniendo de manifiesto las tensiones de la modernidad argentina. Los conflictos entre los padres y los hijos alrededor de las valoraciones del tango como carrera profesional, daban cuenta de las transformaciones socio-políticas de la Buenos Aires de los años treinta en la construcción de una síntesis moderna para la identidad nacional.

El tango en el entramado de los consumos del entretenimiento buscó interpelar a los sectores populares y medios al recrear diferentes símiles de ascenso social y erigirse como vía para hacer realidad los sueños de miles de espectadores y lectores. El segundo eje de análisis se orienta a explorar cómo en estos filmes la representación del universo de la radio colaboró a reforzar las estrategias comerciales de los empresarios del entretenimiento en su política de búsqueda de nuevos talentos. El pasaje geográfico-simbólico del tango desde el arrabal y el cafetín a la *broadcasting* en estas películas construyó una idea de popularización de las vías de ascenso socio-económico, diferentes a las tradicionales de la oligarquía. Estas narrativas cinematográficas retomaron las ideas del origen y el ascenso social propias del tango pero a partir de ejemplos exitosos. Así, el tango, junto con el deporte, pusieron en escena relatos que se diferenciaron del melodramático ascenso social por las vías matrimonial y de profesiones liberales. ¿Cuáles fueron las particularidades del dispositivo cinematográfico en esta modernización del tango? ¿Cuáles fueron los límites a la metáfora del ascenso para todos por medio del mundo del espectáculo?

De viejos y nuevos tiempos. Las nuevas carreras abiertas al talento y la brecha generacional en la representación de un tango moderno en el cine

Ya desde las primeras décadas del siglo XX, los itinerarios de ascenso socio-económicos eran más acompasados y requerían de más requisitos tanto a nivel cultural como de acompañamiento a los nuevos tiempos. Asimismo, el sistema también había demostrado que "hacer la América" no era para todos y que muchos inmigrantes habían quedado por fuera de las promesas con las que habían arribado al puerto de Buenos Aires. El ascenso social en estos primeros años del siglo estuvo mediado principalmente por la educación.

La crisis económica con la que se inaugura la década del treinta, dotaba de un nuevo dinamismo a la sociedad, principalmente en los centros urbanos a los que habían migrado muchos trabajadores rurales buscando nuevas fuentes de trabajo. En este sentido, no es casual que el tópico del trabajo y la idea de un futuro promisorio se instale en las representaciones de las películas del período. Así, se volvían a barajar nuevos parámetros de diferenciación y de prestigio social entre los sectores populares y medios de la Argentina.

La idea del éxito del o de la cantante de tango en la radio, o del artista en el cine, tenía cierto grado de verosimilitud para ese público que consumía emisiones radiales, películas, revistas y participaba tal vez de los concursos y audiciones que organizaban discográficas y radios. Es decir, estas representaciones se hallaban dentro de un dispositivo cultural y mercantil más amplio, que permitía una identificación mayor de la audiencia con las historias que narraba. Esto habilitaba nuevas carreras abiertas al talento que cuestionaban el *cursus honorum* impartido para la segunda generación de inmigrantes de ascenso social por medio de los estudios universitarios. La idea de *m'hijo el dotor*[65] se amplía ahora al mundo del espectáculo.

Sin embargo, como se ha dicho anteriormente, estas imágenes dialogaron con las construcciones del tango y el universo arrabalero de otros discursos artístico-intelectuales, de los que el cine también se apropió a través de los géneros cinematográficos. La vanguardia artística e intelectual de los años veinte y treinta –con el ingreso al campo intelectual de escritores que venían del margen– realizó una expansión tópica en la literatura que recurrió a diferentes configuraciones del arrabal, ya sea la mitificación o las invenciones para la construcción de imágenes de lo nacional (Sarlo, 2007). El melodrama, por medio de sus estrategias narrativas maniqueas, permitía el delineamiento de arquetipos sociales fácilmente reconocibles y disponibles para la identificación de su audiencia. En la matriz conservadora del melodrama, la felicidad sólo podía llegar si no se alteraba el orden natural moral. En un contexto de acelerados cambios, este género abrió la posibilidad de expresar los temores y las inquietudes de la época y ofrecer una versión pedagógica de los diferentes tipos sociales.

Entre estas preocupaciones, los cambios en las representaciones de las relaciones hombre-mujer tuvieron un lugar central. Raúl Campodónico y Fernanda Gil Lozano, en su análisis sobre la figura de la milonguita en el cine silente y sonoro, plantean que el ideario patriarcal se halla tanto en boca de hombres como de mujeres.

> [...] mientras un melodrama musical gardeliano celebra y festeja los momentos en que el artista canta en un *nigth club* o un cabaret; los films de Lamarque propondrán dicha acción como uno de los momentos clave de la historia en donde la actriz se luce en sus interpretaciones, y paralelamente este

---

65. En referencia a la reconocida obra teatral del uruguayo Florencio Sánchez estrenada en Buenos Aires en 1903, cuyo argumento trata el enfrentamiento entre dos generaciones y la oposición campo-ciudad.

hecho será la antesala de su castigo, dado que, según el ideario patriarcal, las mujeres que transitan por espacios noc-
turnos nunca terminan bien. (Campodónico y Gil Lozano,
2000: 151 y 152)

Cecilia Tossounian (2010), por su parte, resalta cómo
la cultura de masas daba cuenta de las transformaciones
sociales y morales de Buenos Aires en los decenios veinte
y treinta, tales como la nueva sexualidad matrimonial, la
independencia de la mujer trabajadora y la movilidad social.
En el camino hasta la punición o la redención, se construían
tipos más híbridos, y se reconfiguraban otros. La recon-
figuración de las relaciones de género se expresaban de
manera ambigua, entre la mujer trabajadora y la mujer del
cabaret, como resultado de los temores masculinos por una
sexualidad femenina no doméstica y por la imposibilidad
de solventar el consumismo femenino. El tango, entonces,
desafiaba los cánones morales y el control del hombre. De
este modo, se introducían a la matriz patriarcal y a los
valores de la masculinidad, elementos femeninos en la construcción simbólica de lo nacional por medio de la figura
femenina del tango y la incorporación del nuevo rol de la
mujer en la sociedad.

Otra de las formas, por la cual las inquietudes de la
modernidad fueron expresadas en estas películas, se dio
a partir de la representación de la brecha generacional.
Retomando la perspectiva de Florencia Garramuño –quien
afirma que los procesos de nacionalización de las formas
culturales latinoamericanas coincidieron con los de modernización–, el análisis de los siguientes filmes se propone
indagar sobre cómo las diferencias generacionales de los
sistemas de personajes en las narrativas de algunas producciones de los años treinta vehiculizaron el conflicto y las
ambigüedades de las imágenes de una modernidad nacional. Si los géneros narrativos y cinematográficos permitían
construir una visión doméstica del mundo, en estas historias, las transgresiones y rupturas de los nuevos hábitos

de la cultura de masas del período, a menudo, se pusieron en tensión desde las peleas entre los padres y los hijos, y cuando no hubo padres, tíos y abuelos se encargaron de tomar ese lugar. Al mismo tiempo, la idea generacional fue una de las claves que el cine puso en funcionamiento para contener los valores de la familia, el barrio y el campo frente a las transformaciones urbanas y sociales. En este sentido, estas historias buscaron introducir y contener rupturas. El tango como modo de vida fue, así, un objeto de disputa preferencial.

Uno de los filmes más representativos de esta operación narrativa y estética fue *Los muchachos de antes no usaban gomina* (Romero, 1937). La película, desde el inicio, plantea los cambios socio-culturales en función de la diferencia generacional. Comienza con un texto escrito que se sucede como las páginas de un libro que dice "Una evocación del Buenos Aires de antaño, de la naciente gran urbe moderna de principios de siglo, tan llena de recuerdos para los que la conocieron, y de sugerencias para quienes vinieron después… Costumbres, relaciones familiares, psicología del pueblo… Todo se ha transformado enormemente, para bien: dicen las nuevas generaciones; para mal: dicen como siempre los viejos… Ese contraste entre la ciudad romántica de ayer y la metrópoli cosmopolita de hoy, es lo que hemos intentado destacar en este film puramente argentino…", mientras de fondo suena el tango *Tiempos viejos*, que marca también este mismo contraste.

La narrativa de esta película no reivindica la idea del ascenso a través del mundo del espectáculo, aun cuando la desdicha del personaje principal, Alberto, pueda leerse como una impugnación a seguir las tradiciones frente a los deseos y los caminos de los nuevos tiempos, "algún día el tango se pondrá de moda y la clase alta también lo bailará", dicen Alberto y su amigo Ponce. El tema de la moda está presente durante todo el filme para marcar la idea de un universo urbano en constante cambio. En esta dirección, se incluye una escena que retrata los cambios en el tránsito

porteño, combinando la presencia de coches tirados por
caballos, tranvías y el alboroto que producen los primeros
automóviles que llegaron a la ciudad. La puesta es de gran
realización, ya que la gran cantidad de extras buscan mostrar los cambios en las prácticas urbanas. Fernando Rocchi
plantea cómo la moda hacia el primer decenio del siglo XX
pasa de ser un fenómeno de elite a uno masivo, pero cómo
de todos modos mantiene un elemento al que recurría la
clase alta permanentemente para diferenciarse.[66]

La película comienza en 1906 y describe de un modo
maniqueo y didáctico las diferencias de clase, donde la clase
alta encarna una moral conservadora, pacata, antimoderna
e hipócrita frente al mundo del arrabal que posee los valores
del coraje, lo popular y lo criollo, aunque también desequi-
librante del orden social. Alberto, hijo de una familia de la
oligarquía porteña, aparece como un hombre anfibio que
representa lo más noble de cada sector en la conformación
de una "raza criolla". Éste conoce en el boliche de Han-
sen a la rubia Mireya, mujer de la noche disputada por las
barras, pero fiel y de buen corazón. Ambos se enamoran,
pero el rechazo de la familia de Alberto, en particular de
su padre, lo llevan a dejarla y casarse con una mujer de
su misma posición social. La estructura temporal del filme
recorre 30 años hasta llegar a la fecha de producción del
mismo, tal como dictaban las reglas de la "cabalgata tanguera". La película avanza en el tiempo y esta operación le
permite resaltar la idea del cambio, de lo moderno y de las
transformaciones a lo largo del tiempo, de la moda y del
clivaje generacional.

Es interesante remarcar que desde el inicio se subraya
la idea del paso del tiempo y de la evolución de los tiempos.
Más allá del contenido de la leyenda que se inscribe antes
de los títulos, que se acaba de mencionar, estéticamente

---

66. "[...] A la vez que un producto reproducía copias 'populuxe', se desarrollaban
versiones exquisitas que se publicaban en cuidados avisos para atraer la demanda de los sectores más altos." (Rocchi, 1998: 549 y 550).

se sucede la idea del libro –este texto y los créditos de la película pasan como las páginas de un libro– para que luego aparezca la de la foto –aparece el fotograma del primer plano de la película– y luego se sobreimprime el año "1906" para por último dar lugar al movimiento, al cine. En este sentido, puede pensarse que Romero realiza una pequeña construcción del progreso del entretenimiento hasta llegar al cine a partir de los elementos de los cuales se vale.

Tal como se observaba en el capítulo anterior, en esta película también es recurrente el uso de los recursos clásicos del fundido y sobreimpresión para las elipsis temporales. El reloj de arena con los años va indicando el paso del tiempo, y en estas diferentes escenas se realizan guiños a los acontecimientos históricos de cada año como la Primera Guerra Mundial y las primeras salidas al cine. España (2000) plantea que la estructura temporal de la cabalgata tanguera relata un pasado común inscripto en la memoria colectiva, y así, permite la construcción de un pasado compartido y creíble para todos. En esta dirección, el filme incorpora hitos de la historia nacional e internacional para reforzar el carácter verosímil de la historia del tango que construye.

También se utiliza el *flashback* sobreimpreso sobre los primeros planos de los personajes. Hacia el final del filme, cuando Alberto cumple 55 años, su amigo Ponce le regala un tango que pasarán a una determinada hora por la radio, que es justamente *Tiempos viejos*. El uso del *flashback* no tiene una función explicativa, sino que es utilizado para reforzar el estado anímico de los personajes, que en este caso se corresponde con la nostalgia. El montaje por corte directo muestra la audición en vivo de la radio, presentando en la pantalla grande a una de sus futuras estrellas, como lo será Hugo del Carril, e introduciendo un elemento más de cambio y transformación como lo fue el auge de la radiofonía.

La construcción del espacio es sumamente interesante, tanto en cuanto a la cuidada escenografía de los interiores como a la lograda recreación de los exteriores. Mientras las celebraciones, los bailes y la kermese que organiza la esposa de Alberto en beneficio a las víctimas de Verdún, se registran en planos generales, los momentos de mayor emotividad se filman en planos cercanos. El cuidado por la escenografía también se vio acompañado de un trabajo muy detallado sobre el vestuario y las caracterizaciones de los personajes al ir envejeciendo. Con respecto a los interiores, es notable el trabajo sobre los cambios en las modas arquitectónicas y la decoración, tal como lo reflejan los muebles, cortinados y objetos decorativos de la casa paterna de 1906, y el estilo más racionalista y moderno de la casa de Alberto de 1936, propio de la moda de los años treinta en una Buenos Aires que acababa de estrenar uno de sus edificios emblemáticos en este estilo como lo es el Kavanagh, o bien la casa de Victoria Ocampo de Palermo –actualmente sede del Fondo Nacional de las Artes– unos años antes.

En el abandono de Mireya por Alberto, se produce una primera transformación por la que los dos personajes transgresores de la moral tradicional se someten a la palabra del padre, pero a medida que avanza el tiempo, se retrata la vida infeliz de Alberto en la fachada del hogar feliz. Esto lleva nuevamente a la impugnación de la hipocresía de la clase alta, pero en el escenario de 1936 lo hará contra sus valores frívolos y no nacionales. Alberto será ahora el anticuado frente a sus hijos y el que no comprende las nuevas costumbres y los nuevos lunfardos. Se construye una imagen idílica de la juventud de antaño, pero se critica a la juventud moderna. La crítica es por el descuido de los valores nacionales; la "muchachada de hoy" es extranjerizante, no nacional, y por ello es denostada por Alberto y Ponce. De este modo, la estructura del sistema de personajes se plantea siempre de modo dicotómico, donde Alberto y Ponce se enfrentan generacionalmente a los padres del primero y a la moral conservadora en general, y luego a los jóvenes y sus costumbres extranjerizantes. Por esta razón, Camila, su esposa, también está dentro de este último grupo; tanto ella como su hija gustan de hablar en inglés. La lengua inglesa, en el marco de los tópicos antiimperialistas del período, aparece como el ícono de la conquista extranjera en desmedro de la cultura local. Alberto se queja de un boliche porque "hasta los bandoneones hablan en inglés". Al salir se enoja con el portero porque también le habla en inglés, "¡que no me hable en inglés, que yo soy criollo!". Es decir que, en este caso, las críticas no están dadas por la clase ni por la brecha generacional específicamente, sino por la oposición nacional-extranjero, y en este sentido, la modernidad adquiere cierta ambigüedad en esta antinomia por su carácter de continua transformación y dinamismo. La crítica al cabaret moderno es porque se baila *charleston* frente al cabaret viejo del tango.

Sin embargo, la película propone una síntesis. Hacia el final, el hijo, que es el símbolo de la decadencia moderna se redime "jugándose" por Mireya para reparar el daño que entre todos le han hecho. Mireya, como símbolo de los viejos tiempos, es salvada por Jorge, el hijo de Alberto, y de este modo se concilian los nuevos y los viejos tiempos.[67] Ponce se emociona y le dice a Alberto, "¿Has visto cómo tiene tu sangre? ¿Has visto cómo en todas las épocas nacen criollos?". Aquí también aparece la importancia de la idea del coraje vinculado a lo criollo. Así, lo criollo como imagen de lo nacional está dado por la confluencia entre la tradición y la modernidad, y en la reconciliación final de ambas generaciones, donde el legado se integra a lo nuevo en un universo arrabalero que se presenta como una síntesis dinámica para una imagen de la nación.

Héctor Luis Goyena, en su análisis sobre las manifestaciones del tango en el período precedente, también remarca que la idea del tango como sinónimo de noche, cabaret, alcohol, *garçonnière* y orgía, incide pecaminosamente sobre los cimientos del hogar y la familia de modo generacio-

---

67. Diana Paladino (2002) remarca cómo en el melodrama tanguero la juventud y la belleza confrontan contra la vejez y la decrepitud final que se completa con la mendicidad y la locura.

nal. *La borrachera del tango*, de Edmo Cominetti, estrenada en 1928, era promocionada desde el conflicto entre dos generaciones con respecto al tango: "[...] La publicidad del film expresaba: 'Junto a la obra constructiva del hombre honesto, la degradación del hijo, prisionero en las redes del tango'". (Goyena, 1998: 280).

La idea de conciliación generacional, también puede darse en otros ejemplos cinematográficos a partir del aggiornamiento a los tiempos modernos, o el triunfo de las vías de ascenso del mundo del espectáculo frente a las viejas generaciones. Las publicaciones de la época, como se resaltaba en el primer capítulo, colaboraron para construir una visibilidad pública de todo el mundo del espectáculo, artistas, directores, empresarios, etcétera, que comenzaron a legitimar estas profesiones y actividades.

En esta dirección, es destacable el éxito del personaje de Luis Sandrini en *Los tres berretines,* papel que lo convirtió en una de las estrellas más destacadas del momento. La prensa de la época recibió el filme con elogios, y con particular entusiasmo por la performance del actor.[68] Esta película es uno de los textos fílmicos canónicos en la representación de los imaginarios de ascenso y la cuestión generacional, construyéndose una imagen positiva de estos nuevos caminos.

La película cuenta la historia de una familia de clase media que vive en un barrio de la ciudad de Buenos Aires, alrededor de un negocio familiar. A través de ésta delinea las diferentes fórmulas de la época de la vida barrial: el café, los amigos, la mezcla de acentos que da cuenta del crisol inmigratorio de la población porteña. El filme comienza con los "pibes" del barrio jugando a la pelota. En la película estos tres berretines –tango, fútbol y cine– aparecen como posibilidades de ascenso social, pero en conflicto con las generaciones precedentes, personificadas en la figura del padre, que los ve como una excusa para no "laburar". La

---

68. Ver, por ejemplo, *Sintonía*, 10 de junio de 1933, año I, N° 7, págs. 66 y 93.

estructura familiar está armada para dar cuenta de los tres. Eusebio, el personaje de Luis Sandrini, uno de los hijos que no puede escribir un tango pero lo silba porque lo tiene en su interior; la hija, la madre y la abuela que van a soñar al cine con galanes lejanos; el hijo futbolista que se convertirá en crack, y por último el hijo arquitecto, Eduardo, que sueña con ganar un concurso para casarse con Susana, su novia. Frente a ellos, la ley paterna se transgrede a lo largo de toda la película. No obstante, Eduardo, quien seguía ordenadamente el camino "correcto", es despedido de su trabajo y así se ve frustrado su proyecto de casamiento. Ante esto, el futbolista, gracias a su éxito profesional, logra que las autoridades del club le den a su hermano la concesión de la construcción del estadio, y se produce la reconciliación de la feliz pareja. Por otro lado, el padre, quien también gusta del fútbol, ante el éxito de su hijo, se arrepiente de no ir a verlo y termina colgado de una antena para verlo jugar, mientras el relator del partido dice: "*¿Quiere Ud. aprender astronomía? No sea vago y estudie. Instituto Galileo*", enfatizándose, así, la idea de que el estudio no lo es todo.

Con respecto al personaje de Sandrini, éste consigue finalmente la letra para su tango y triunfa en un concurso nacional. De este modo, en el filme, el tango y el deporte en su profesionalización desafiaban las vías tradicionales de ascenso social.

La interpelación de estas imágenes, de estas historias, de estos verosímiles para con su público fue sumamente exitosa, convirtiendo al filme en un suceso de taquilla y que lo hizo permanecer en la pantalla durante mucho tiempo. Para diciembre de 1938, *Cine Argentino* registra que la película se sigue exhibiendo en cines de la ciudad de Buenos Aires, solo de manera residual, cuando han pasado cinco años de su estreno.[69]

---

69. *Cine Argentino*, 8 de diciembre de 1938, año I, N° 31, pág. 52.

Por otro lado, estas imágenes se vieron reforzadas por otro tipo de proceso social ligado a las transformaciones de las elites en estos años. Leandro Losada (2008) señala que la exclusividad de la *high society* como referencia social y cultural comenzó a eclipsarse porque la sociedad de la *belle époque* que la había sostenido había llegado a su fin. La Buenos Aires de los años veinte ya no tenía en su centro de gravedad a la alta sociedad. Asimismo, este estilo de vida se quebrantó al interior de estas familias de la *haute*, con la aparición de nuevos pasatiempos que provenían de los Estados Unidos principalmente, y que conllevaron la aparición de otro tipo de referencias como el mundo del espectáculo para las jóvenes generaciones. El autor remarca que "[...] La importancia de los cambios socioculturales de la posguerra radicó en que cargaron de sentido a las diferencias generacionales al romper un universo de referencias compartido entre padres e hijos." (2008: 351).

En este sentido, estas transformaciones en los criterios de la distinción y las buenas costumbres en los diferentes sectores sociales, habilitaron nuevos espacios de legitimación social –con nuevas aperturas y cierres para los sectores populares– que circularon en los discursos de la prensa masiva de modo dinámico y cambiante, tal como lo demuestran los debates alrededor de lo "vulgar" que se ha observado en el primer capítulo de este trabajo. Asimismo, estos cambios en las modas y en lo socialmente aceptable también fueron significativos a nivel visual, en cuanto a los vestuarios, los gestos, los decorados de los interiores, etcétera, que el cine supo explotar para delinear imágenes populares y modernas.

Cantar en la radio y en la pantalla

La pantalla argentina abría el juego a diferentes representaciones del tango. Como se ha resaltado, ya no sólo sería el tango del cafetín, del cabaret y el universo arrabalero, sino una imagen mucho más moderna ligada a los últimos adelantos técnicos, como la *broadcasting*, los grandes teatros y también el cine mismo –tal como podemos observar en *El astro del tango* con Hugo del Carril y Amanda Ledesma–. Este tango, lejos se hallaba de las connotaciones del mundo arrabalero, de la imagen de seducción que se cultivaba en el mundo, y de los destinos trágicos de las milonguitas o del que se fue del barrio por ansias de una vida más lujosa o para ganársela de modo más fácil. Estas otras imágenes del tango se relacionaban con el trabajo y el esfuerzo, con los deseos de ascenso social de los sectores populares que tocaban en prolijas orquestas, y en el mejor de los casos, como el personaje de Hugo del Carril en esa película, el tango podía volverse un lugar de reconocimiento público, prestigio y riqueza. Estos cantantes, estos artistas son, en primer lugar, trabajadores, a diferencia de los compadritos de antaño.

El tópico del trabajo honrado vinculado a la ideología del inmigrante y a la idea de lo nacional, del desarrollo nacional y lo propiamente argentino recorre distintas producciones de la década con escenarios diferentes, desde el puerto, la fábrica, a los comercios y los empleos en el sector de servicios, así como también ambos géneros, tanto hombres y mujeres son representados en el mercado laboral en estas películas. Tal como se mencionó anteriormente, el dinamismo social de los años treinta, el desarrollo de los centros urbanos, el crecimiento de industrias para el consumo local, la regulación laboral para las mujeres y la maternidad, seguramente proveían de elementos a la hora de elaborar estos argumentos.

Es por ello que el inicio de *Ídolos de la radio* (Eduardo Morera, 1934) presenta el problema del trabajo directamente. Las hermanas representadas por Ada Falcón y Olinda

Bozán están en la sala de su casa con el periódico y se quejan de lo difícil que es encontrar trabajo y de los muchos requisitos que les piden por tan poco sueldo en algunos de ellos. En la enumeración de estos trabajos aparece el de vitrolera, la necesidad de saber mecanografía, diferentes empleos que dan cuenta de una economía de servicios. El anuncio de la venta de la radio familiar para conseguir dinero y el ruego a San Antonio indican la mala situación familiar de las dos hermanas y su abuelo, un inmigrante italiano compositor de música. La radio es, a lo largo de todo el filme, el ícono que salva a la familia. Al inicio, iba a ser el objeto empeñado para tener algo de plata, luego, por la radio, se enteran de la noticia de la audición para nuevos talentos y, finalmente, el contrato con la *broadcasting* saca a la familia de las penurias económicas, además de ser el medio por el cual ambas hermanas encuentran el amor. Es destacable que el objeto radio en el comienzo del filme, no solo funciona como un elemento diegético, sino casi como un personaje más, desde el "señor, cuidado, no se deje meter la mula, no pague más, compre más barato" frente al posible comprador de la misma, hasta el anuncio de la audición, "señorita, ¿quiere Ud. ser célebre y ganar dinero?, inscríbase en el concurso de cancionistas que organiza esta emisión para seleccionar la reina del tango que se presentará en la Gran Fiesta de la Radio...". Olinda echa al comprador de la radio y le dice a su hermana que tiene que presentarse al concurso: "Ada no canta, Ud. no es compositor de música, bueno, a triunfar, ¿por qué no vamos a triunfar?". La idea del éxito por medio de la radio se retrata de un modo sino simple, por lo menos probable y veloz, frente al ralentamiento de las trayectorias de ascenso que se señalaban anteriormente.

El personaje de Olinda Bozán contacta al secretario de Mario, un exitoso cantante de la radio interpretado por el reconocido cantor Ignacio Corsini, para que haga una recomendación para su hermana Ada. En el papel del secretario se encuentra a Tito Lusiardo, repitiéndose la fórmula gardeliana de personaje ayudante. Ada, tímida, no se anima a presentarse, pero Mario, que se ha enamorado de ella, insiste al director de la *broadcasting* para que le den una segunda oportunidad. Su presentación será en la Gran Fiesta de la Radio y cantarán a dúo. En el medio un malentendido amoroso la aleja de Mario, quien habla con el abuelo de Ada para recuperar su confianza y terminan reconciliándose cantando juntos en la fiesta.

El argumento es simple y corto pero se ve dilatado por las numerosas introducciones de números musicales. En este sentido, puede observarse una de las funciones que tenían este tipo de películas, que era mostrar a las estrellas de la radio en imágenes, sobre todo para quienes se hallaban lejos de poder asistir a las audiciones; así como también mostrar el funcionamiento de la radio, universo del cual estos espectadores participaban activamente, asistiendo a las audiciones, participando de los concursos, enviando cartas a las revistas. En el inicio de la película, cuando Olinda enciende la radio y comienza a oírse parte de un radioteatro, por montaje se muestra el "detrás de bambalinas" del radioteatro, donde el llanto de un bebé está hecho por un hombre grande y corpulento. Estas imágenes colaboraban con la actitud de las revistas de mostrar la gran variedad de empleos que surgían a partir de estas nuevas prácticas del ocio y el entretenimiento.

Los textos fílmicos de la década buscaron retratar el mundo del trabajo de la radio. Como se ha dicho, a diferencia de los malevos, milonguitas, compadritos y bohemios de la retórica del tango del folletín, estos cantantes tenían una identidad trabajadora muy marcada, y la música era una pasión al mismo tiempo que una salvación de la pobreza. Es interesante señalar que frente a la producción de tangos ligados a la crisis económica y social de la década, entre los que podemos mencionar *Cambalache* (Enrique Santos Discépolo, 1935), *Yira yira* (Enrique Santos Discépolo, 1930) o bien *Al mundo le falta un tornillo* (Enrique Cadícamo, 1933), solo por nombrar algunos de los más destacables, en el cine el tango aparece dotado de una estela salvadora de la pobreza y como una fuente de trabajo en sí misma. En estos filmes, la mayoría de los tangos tienen tópicos románticos y son los que además de traer el pan bajo el brazo, completan la felicidad porque traen el amor. Son recurrentes los finales románticos donde las parejas se reconcilian cantando "su" tango.

La crítica de *Cinegraf* a *Ídolos de la radio* fue sumamente dura.

> [...] No puede comprenderse propiamente dentro de una calificación cinematográfica la compilación de escenas donde se han fotografiado y fonografiado varios "números" radiotelefónicos con un torpe criterio exclusivamente comercial. [...] "Ídolos de la radio", en cuyo transcurso no se rinde al arte, por menor que sea, un pequeño tributo, y se atropella, en cambio, con excesos, a la cultura y al buen gusto.[70]

Las acusaciones de la revista a muchas de las películas del período radican en la diferencia entre lo comercial y lo cultural. El buen cine debe responder al arte, mientras que el mal cine sólo responde a criterios comerciales. El prurito al lucro puede vincularse con la matriz conservadora y católica de toda la editorial. Los fines monetarios son espurios y malversan los elevados objetivos de la cultura. Luego agrega, reforzando esta idea:

> [...] La circunstancia de que "Ídolos de la radio" acuse valores en la reproducción fotográfica y sonora, a cargo de los señores Schmidt y Raffo, no implica en forma alguna que esa titulada película pueda considerarse como un aporte al adelanto del cinematógrafo argentino, mientras se aborde la producción de películas autóctonas con un criterio burdamente mercantil, en la plena ausencia de todo propósito enaltecedor, nos hallaremos ante tristes fracasos, como el citado.[71]

---

70. *Cinegraf*, noviembre de 1934, año III, N° 32, pág. 43.
71. Ídem.

La crítica entonces radica tanto en el criterio comercial para la inclusión de una gran variedad de números musicales como en la mala calidad de sonorización de estos. En contrapartida, la crítica de *Antena* fue más benévola, aunque también se quejase del exceso de números incluidos en el filme.

> La sala del Monumental se vio la noche del miércoles totalmente llena de público, y entre éste predominaban los artistas de Radio. [...] En cuanto al sonido y la fotografía son agradables y si el film, como a raíz de su estreno se indicaba, es aligerado cortando escenas sin mayor atractivo, ha de resultar interesante.[72]

La revista señala que tras la proyección hubo diferentes presentaciones en vivo de los intérpretes de la película.

Esta película puede funcionar perfectamente como una de las piezas de las estrategias comerciales de revistas como *Sintonía* y *Antena*. Existe un especial interés en el llamado al público a participar de audiencias, concursos, fiestas, así como también se construye un perfil de las estrellas que las muestra "accesibles" a sus preguntas, y se hace hincapié en la idea del hombre y la mujer común y corriente. Todos podemos ser una estrella de la radio o del cine. Así, si bien la cantidad de números musicales es excesiva, éstos tuvieron una función sumamente didáctica de lo que estos empresarios buscaban construir sobre el universo radiofónico. Las publicaciones de estos años se preocuparon específicamente por publicitar los debuts radiales, por publicitar a las nuevas voces, aunque estas historias de éxito hayan sido las menos.

Con respecto al universo radiofónico, el filme también busca mostrar las discusiones que existían en torno a la programación musical radial, en cuanto a estándares de calidad y criterios comerciales, y el lugar de los artistas populares

---

72. *Antena*, 27 de octubre de 1934, año V, N° 192, pág. 29.

en los espacios de la "alta cultura" y en las industrias culturales. La breve escena de Francisco Canaro en la película da
cuenta de los problemas económicos que tenían los compositores de bajo perfil de géneros musicales considerados
"cultos", como por ejemplo, la ópera.

La inclusión de los números musicales en el filme exce-
de al tango. Se muestra la variedad de géneros que se inter-
pretaban en los programas, más allá de la predominancia
de las orquestas de tango.[73] Como se ha visto en el capítulo anterior, los intercambios musicales eran fluidos, y la
presencia de la música norteamericana era muy importante.
Carlos Inzillo señala que las orquestas típicas en varias ocasiones reemplazaban la fila de bandoneones por una sección
de vientos para tocar fox-trot, y que a partir de los años
treinta comenzaron a aparecer las "big bands" en grandes
salones y en radio.[74] Más allá de la actuación de Ada Falcón
e Ignacio Corsini, en la película se destaca la presentación
de la orquesta de Canaro, la interpretación de Dorita Davis,
originalmente Tita Merello también había grabado para el
filme, y la de Don Dean y los estudiantes de Hollywood
con el fox-trot *Bailando en el Alvear*. Es interesante remarcar
que en la escena donde Ada llega a la Fiesta de la Radio,
el dueño de ésta comienza a presentarle a sus colegas. La
cámara toma otro registro, más documental o periodístico,
realizando un paneo por los distintos personajes –no actores que se representan a sí mismos– que miran a cámara y

---

73. Andrea Matallana señala que en el decenio 1925-1935 la programación
musical ocupó un 70% y que a lo largo de la siguiente década fue descendiendo
por el incremento de radioteatros y otros programas. Dentro de la programación musical, el primer lugar lo lleva el tango con un promedio del 55%, y le
sigue el jazz con un promedio del 20%. La música clásica a lo largo de estos años,
no supera el 7% de la programación musical. "[...] la aparición de las grandes
orquestas y una nueva generación de cantantes [...] ocuparía no solo el espacio
radiofónico sino también la escena musical del teatro y los clubes porteños."
(2006: 94). La autora señala que recién a partir de 1941, el folklore comenzaría
a tener una presencia musical más importante, duplicando su porcentaje de
programación. Del 6% en 1936 pasa al 13% en 1941.
74. "Las big bands tienen su historia" por Carlos Inzillo. Clarín (Espectáculos),
31 de agosto de 2006.

saludan. En off, la voz del dueño de la radio los presenta, "¿le gusta el jazz? Don Dean, y aquí tres personajes de la música popular, Firpo, Canaro y Lomuto". De este modo, se identifica al espectador con el punto de vista de la cancionista y a ambos se les explica quién es cada quién. Toda la escena tiene una función didáctica con el espectador sin quebrar la diégesis.

La idea de la moda y del idioma inglés como elementos modernos de la cultura de masas también está presente, sobre todo en tono cómico con los personajes de Olinda Bozán y Tito Lusiardo. Seguramente, estos guiños al público se hallaran en consonancia con la incorporación de muchos vocablos ingleses en la lengua cotidiana para designar nuevos productos y consumos en la época. *Heraldo del Cinematografista* tenía una sección muy divertida y pedagógica sobre la fonética de muchas palabras en inglés y *Sintonía* otra que se llamaba "Aprenda a cantar en inglés". Las canciones aparecían en el idioma original, traducidas y en una tercera columna la fonética del inglés. Esta sección era otra forma de promocionar las audiciones radiales, como por ejemplo la de "Hollywood en Buenos Aires" de Radio Stentor que proponía música en este idioma, para animar la participación del público.[75]

El tango juega un papel de suma importancia para configurar imágenes de la argentinidad asociadas a una modernidad híbrida. El estudio de Karush señala que en la industria discográfica el jazz proveyó de un aura moderna a la cultura de masas del país. En este marco, el tango buscó situarse entre el jazz y el folklore tradicional como síntesis de una identidad nacional modernizada.

En la película *Radio Bar*, de Romero, también encontramos estos elementos. En estos casos el mundo del tango es el mundo de la radio y de la difusión del tango y la popula-

---

75. A modo de ejemplo puede consultarse *Heraldo del Cinematografista*, 26 de diciembre de 1934, año IV, N° 182, pág. 846 y *Sintonía*, 28 de abril de 1934, año II, N° 53, pág. 36.

rización de los artistas. Aquí también, si bien aparecen otros ritmos, el tango es el principal, y los exitosos son los artistas de tango –la pareja principal es la favorita, frente a otro tipo de números–. Al mismo tiempo, se satirizan las opiniones en contra del tango y las loas al bel canto y la ópera y se pone en ridículo a quienes no comprenden que el ritmo que gusta es el tango. La película cuenta la historia de un grupo de empleados de una "boite". El orden inicial está dado por el universo del trabajo en el bar. Éstos son artistas que sueñan con debutar en la radio y triunfar todos juntos. El punto de quiebre se da cuando el dueño de una *broadcasting* y dos empresarios de empresas tabacaleras rivales se ponen de acuerdo en financiar un programa, en el cual actuaran los cocteleros y las camareras de la "boite", por pedido explícito de las mujeres de los empresarios.

Los tangos y demás canciones siempre son introducidos por pedido de alguno de los personajes, desde las presentaciones en el boliche, o bien desde las audiciones en la radio; están siempre justificados argumentalmente y dentro de la diégesis. El inicio del filme presenta al bar, sus trabajadores y concurrentes, mientras la banda toca un fox-trot y todos siguen una coreografía a ritmo con la música, haciendo sus actividades laborales. La presentación de los personajes se realiza al modo de comedia musical de Hollywood, donde cada uno mira a cámara en su parte de canto.

Todos los números musicales están intercalados en una trama sencilla y distendida de enredos de parejas, con personajes artistas, bailarines, cantantes, etcétera. El debut del programa financiado por las tabacaleras introduce diferentes números de un repertorio popular de canciones criollas, tangos pero también rumbas. Juan Carlos Thorry y Carmen Lamas interpretan junto a una orquesta colombiana la rumba *¿Qué tengo yo?*, mostrándose aquí también la diversidad de las programaciones radiales. El tango leitmotiv del filme *Siempre unidos*, de algún modo condensa el argumento, ya que habla de la necesidad de acompañarse en la pareja como de la necesidad de la solidaridad de clase de los sectores más humildes, valor resaltado a lo largo de toda la película.

Más allá del éxito que tuvo la ópera tanguera de José Agustín Ferreyra[76] para estos años, estas películas mantuvieron la inclusión de tangos y leitmotiv con una función ilustrativa, ya sea de las acciones y estados de ánimo de los personajes, o bien con una función informativa y pedagógica de los universos en los cuales se desenvolvieron estas historias, que en general fueron escenarios ligados al mundo del espectáculo. Si el intertexto de la ópera tanguera, tal como señala Diana Paladino, es extemporáneo, porque posee la carga normativa y aleccionadora del tango del sainete y la revista de los años veinte, con una función pedagógica concreta –la de quedarse en el barrio–, estos filmes propusieron a la audiencia una actitud sino contraria, por lo menos más arriesgada.

De todos modos, la película *Radio Bar* muestra los peligros del rápido ascenso social y la importancia de no olvidar los valores del compañerismo y la solidaridad de clase. Por un lado, introduce la idea de la movilidad social pero también la contiene. La pareja principal de cantantes está formada por los personajes de Márgara y Carlos, interpretados por Gloria Guzmán y Alberto Vila. Éste coquetea cada vez más con Dora, la esposa de uno de los empresarios, y esto lo aleja de su novia hasta que rompe con ella. La progresión temporal se construye con el típico recurso del calendario sobreimpreso que pasa sobre planos de las audiciones en la radio y escenas que van dando signos de lo que sucederá en la trama por medio de fundidos encadenados. Dora, al cabo de estos meses, exige que se saque a Márgara del número con Carlos, o su esposo retirará el dinero para el programa. El director echa a Márgara y sus compañeros la defienden y terminan yéndose también. Como Márgara prometió no

76. Nos referimos a los filmes producidos por la SIDE *Ayúdame a vivir* (1936), *Besos brujos* (1937) y *La ley que olvidaron* (1938).

pisar nunca más una radio, el director y el otro anunciante deciden comprar el bar e instalar la radio allí. En paralelo, la carrera de Daniel comienza a decaer y Dora lo abandona. Al final vuelve al bar y todos se reconcilian en un final feliz, componiéndose un nuevo orden que restaura los valores del inicial. La película realiza una puesta en valor de la sociabilidad barrial, de la solidaridad de los sectores populares; estos personajes son nobles, y los pequeños actos de conveniencia son para provecho del conjunto o para ayudar a otro, mientras que los más ricos tiene una moral más dudosa, engañan a sus parejas y actúan por beneficio propio. Los valores colectivos se contraponen al ascenso individual y al éxito. Es decir que se representan estas trayectorias y estas nuevas posibilidades, pero se señalan los peligros de "perderse por las luces del éxito". Si bien el conflicto está diluido en la presentación de un patrón bueno y accesible, así como en la satirización de quienes hacen abuso del poder, es remarcable que el grupo de trabajadores actúa en conjunto, no es comparable a un gremio, pero toman medidas de sabotaje a las decisiones del director de la radio, y terminan triunfando en el conflicto.

Las publicaciones de la época relataban este tipo de conflictos más de índole gremial al interior del mundo del espectáculo, vinculado también a la demanda de nuevos talentos. *Antena* afirma que "[...] los artistas están en su derecho al solicitar un mejoramiento económico, aspiración que se fundamenta en los buenos negocios que vienen realizando los 'broadcasters' [...]".[77] La revista señala que: "[...] Hay que facilitar el avance de los nuevos y entusiastas elementos que acusan cualidades muy estimables por cierto, que gozan de la simpatía popular, y en cambio por exigencias de unos y conveniencias de otros, viven una existencia tan precaria como injusta".[78]

---

77. *Antena*, 27 de octubre de 1934, año V, N° 192, pág. 3.
78. Ídem.

Por otra parte, la vuelta al bar y la instalación de la radio allí, tiene cierto tono nostálgico al presentarse al boliche como el refugio de los valores de solidaridad frente al sistema de la *broadcasting* que no los consideró. Tal vez, podría pensarse que el final reconcilia a la pareja, así como también a los nuevos y viejos tiempos, al teatro con la *broadcasting*, tomando una forma híbridamente moderna. Así, el cine como espacio discursivo habilita la aparición de rupturas y nuevos códigos urbanos al mismo tiempo que funciona como contenedor y refugio de los valores más tradicionales, como se señaló anteriormente.

El retrato del universo de la radio y sus conflictos también se presentan con mucha claridad en el filme *Melodías porteñas*. El personaje de la estrella de tango de la radio, Alicia Reyles –interpretado por Amanda Ledesma–, mujer moderna que se divorcia de su esposo en Montevideo porque ama a otro, es víctima de un intento de asesinato y un secuestro en la radio mientras cantaba en una emisión.

La película transcurre en la *broadcasting* Radio Moderna, cuyo director Martínez es interpretado por Enrique Santos Discépolo, quien participó también en el guión. Como en *Radio Bar*, también hay una abundancia de personajes que confluyen en una historia principal. El director de la radio, preocupado por el retiro de los anuncios de los programas y las bajas en las ganancias, durante todo el filme busca el modo de ofrecer algo apasionante para los oyentes y así recuperar a la audiencia. Al mismo tiempo, Reyles se divorcia de su esposo porque tiene una relación con el auspiciante más importante de la radio, Aguirre. Luego ella es víctima de un frustrado atentado criminal, y en la confusión desaparece. Recién al final se devela que Martínez se la ha llevado como estrategia para aumentar el número de oyentes de sus programas. Aquí, los interrogatorios toman un formato de policial, donde todos aportan información por medio de testimonios por montaje alterno.

En paralelo, se presenta la historia de Juanita –Rosita Contreras–, una muchacha del interior que viene a probar suerte a la radio con poco éxito en sus intentos. Una noche, Argüello, el locutor de Radio Moderna, la encuentra en la calle, decide ayudarla, y luego se enamoran. Esta pareja de personajes ayudantes son quienes resuelven el misterio del secuestro de Alicia Reyles al final para el establecimiento de un nuevo orden. Los números musicales principales están introducidos en la trama por los ensayos y presentaciones de las dos estrellas del tango de la película, Amanda Ledesma y Rosita Contreras. Son destacables también las presentaciones de las orquestas, la típica era la célebre de D'Arienzo y la de jazz era la exitosa "big band" Santa Paula Serenaders. El interés por orquestas de calidad y reconocimiento, así como el detalle de los planos de las mismas, permite pensar que éstas también fueron piezas importantes en la promoción y éxito de los filmes, junto con las estrellas. La fiesta de la radio al aire libre tiene un momento de comedia musical donde el montaje acompaña una suerte de coreografía de los personajes y donde cada uno canta una parte de la canción, destacándose los momentos de Ledesma y Contreras.

El filme introduce un conflicto observable en la prensa de la época ligado a la búsqueda de nuevos talentos. Revistas como *Sintonía* y *Antena* –como se analizó en el primer capítulo– hicieron una campaña a favor de la búsqueda de nuevos talentos y en contra de agotar la visibilidad pública de los artistas en más de un dispositivo, dado que en muchos casos los broadcasters "dominados por el deseo de acentuar sus ganancias, desviaron a los artistas del micrófono, presentándolos en público, y con ello destruyeron la aureola que la fantasía popular había creado alrededor de cada uno de sus favoritos [...]".[79] En noviembre de 1934, la

---

79. *Antena*, 27 de octubre de 1934, año V, N° 192, pág. 3.

revista *Antena* publicaba una nota en la que afirmaba que la renovación de elementos artísticos parecía constituir la mayor preocupación del momento:

> [...] Insisten los "broadcasters" en afirmar que [...] es necesario buscar a los substitutos que por fuerza han de encontrarse entre el elemento joven incorporado recientemente a los programas. [...] deben de irse por voluntad propia antes de que el público les exija en forma terminante su eliminación de los programas [...] debe hacerse serenamente y con toda equidad, eliminando cuanto signifique logrerismo con los artistas nuevos, pues de lo contrario sería ironía que por remediar un mal se causaría otro mayor.[80]

Este tipo de notas permiten percibir los puntos de encuentro y desencuentro frente a las estrategias comerciales de los empresarios de la industria del entretenimiento. El aliento a los nuevos talentos y asistencia a concursos y audiciones favorecía el consumo de las publicaciones, de las emisiones radiales y nutría las historias cinematográficas en consonancia con este verosímil. Es por ello que podría decirse que esta política en algunos casos haya llegado a ser más conveniente que la insistencia en las figuras consagradas, así como una alternativa para los estudios y radios con estrellas menos reconocidas.

El final de *Melodías porteñas* subraya el lugar de exposición de los artistas de la radio. La decisión de secuestrar a la cancionista por parte de Martínez para generar una noticia sensacionalista, tenía como objetivo aumentar el número de oyentes, y por ende de auspiciantes. Así, las acaloradas discusiones y conflictos sobre los anunciantes radiales también fueron materia prima para los argumentos de las películas, siendo tratados principalmente desde el humor y la ironía. El filme de Moglia Barth presenta de una manera cómica y satírica el modelo de financiamiento de las *broadcastings*. En este caso también existe una crítica a poner por encima los

---

80. *Antena*, 3 de noviembre de 1934, año V, N° 193.

objetivos comerciales a cualquier precio, en desmedro de la calidad artística de las emisiones. Las principales críticas de las revistas del período eran contra el modo en que se introducían los avisos cantados sin ningún tipo de criterio ni respeto por la emisión. En la película, el personaje del speaker Argüello recita textos sumamente ridículos publicitando diferentes productos, exagerando seguramente lo que sucedía en la realidad.

Radio Bar también trata este problema de modo irónico a través de la pelea entre los dos auspiciantes de las empresas tabacaleras. Es posible asociar la dramatización de los empresarios en una disputa centrada en los efectos de la publicidad con la propuesta de Fernando Rocchi, quien señala la temprana conformación de un campo publicitario en el país y su importancia para los hombres de la industria y el comercio, así como el desarrollo de publicaciones especializadas como *Industria* e *Impetu*, dedicadas a la publicidad comercial.[81] Así, el cine, siguiendo esta lógica de mostrar el universo de la radio de modo completo, también retrató en forma paródica los debates y conflictos sobre los pilares económicos de las industrias culturales. Es interesante señalar también que en la película de Romero se introducen planos del público que asistía a las audiciones radiales, entre los cuales se hallaban los potenciales auspiciantes. Esos planos muestran las grandes dimensiones de estos auditorios y la cantidad de concurrentes, reforzando las ideas de la masividad y de la grandiosidad.

En contraposición, *Melodías porteñas* se burla del prestigio alcanzado por la radio cuando Martínez, con sus gritos megalómanos, designa que la suya es la *broadcasting* más importante de América Latina. En las revistas de estos años, las publicidades de las radios se ven acompañadas de textos que intentan dar cuenta de una dimensión continen-

---

81. Exposición de Fernando Rocchi en el Seminario de Historia de las ideas, los intelectuales y la cultura "Oscar Terán", Instituto Ravignani. Buenos Aires, junio de 2012.

tal, muchas veces acompañadas con imágenes de mapas de la Argentina o América del Sur. Trabajar en y por la radio se convierte en una tarea de interés nacional en el discurso que consolidan las propias industrias culturales. Hacer cine argentino y radio argentina, tener referentes del espectáculo nacional y publicaciones que den lugar a estas discusiones, buscaba convertirse en un asunto patrio y pasar a formar parte del conglomerado de sentidos sobre la argentinidad que recorría la época. En enero de 1935 la publicidad de Radio Pietro en la revista *Antena* declaraba "apoyar las iniciativas creadas en nuestro suelo es hacer Patria. LS2 Radio Pietro, una potente voz creada por la industria argentina".[82] La de Radio Argentina, LR2, "la más argentina de las broadcastings", afirmaba, "Hemos llegado!… porque nos acompañó el favor del público radioescucha, por quien y para quien alentamos nuevos propósitos, cuya realización ratificará una vez más la firmeza del principio en que se apoya nuestra acción difusora: 'servir a la cultura, deleitando'".[83]

En los epígrafes de estas notas se enlazaban las ideas del trabajo y el desarrollo industrial para el progreso del país, así como las del interés cultural de estos contenidos para pensar la identidad argentina. En este sentido, la dimensión trabajadora de los empleados de las industrias culturales se revestía de prestigio al vincularlo con el desarrollo económico-cultural nacional.

Por último, la prensa del espectáculo en sí misma también se ve representada en el cine. En *Melodías porteñas*, los periodistas están construidos como personas invasivas que tratan de hacer una noticia de cualquier detalle y sin ningún tipo de escrúpulo para conseguirlas. La película pone en evidencia a las revistas del entretenimiento y su insistencia por mostrar la vida privada de las estrellas y del detrás de escena de la radio y el cine. La dependencia del cine y las

---

82. *Antena*, 5 de enero de 1934, año V, N° 202, pág. 23.
83. Ídem.

revistas era tal que *Cine Argentino*, por ejemplo, en diciembre de 1938 publica los nombres de sus fotógrafos y cómo distinguir a sus reporteros gráficos, "[...] para que nadie se haga pasar por ellos y molesten a los artistas".[84]

Un comentario final merece la escenografía de *Melodías porteñas* realizada por el artista plástico Raúl Soldi. Éste, becado por la Comisión Nacional de Cultura viajó a Estados Unidos en 1933, donde trabajó como escenógrafo en Hollywood. Tras esa experiencia, regresó al país y sus primeras escenografías en el cine nacional las realizó en 1935 para *Escala en la ciudad* de Alberto de Zavalía y *Crimen a las tres* de Luis Saslavsky. A partir de allí, fue uno de los escenógrafos más prolíficos. Los decorados de los interiores de los departamentos de los personajes y de la radio, fueron hechos en un estilo moderno y racionalista –propio de la moda de las viviendas de las clases más altas de Buenos Aires en los años treinta–. La excepción es la pensión de Argüello para remarcar que pertenece a una clase social más baja. Así como se ha señalado la importancia de la incorporación de hombres de las letras en el cine, la llegada de especialistas de las artes plásticas para la realización de las escenografías y la dirección de arte demuestra la preocupación de los estudios por mejorar los estándares de calidad de las producciones cinematográficas del período.

Del sueño americano al sueño argentino

En *Melodías porteñas*, cuando Juanita le cuenta a Argüello que ha llegado sin nada pero que no puede volver, éste le dice "Ud. también es de las que vieron *Nace una estrella*". La intertextualidad con el filme estadounidense es muy clara y para la época representa una ruptura del modelo clásico,

---

84. Revista *Cine Argentino*, 15 de diciembre de 1938, año I, N° 32, pág. 47.

que podría interpretarse casi como un "mirar a cámara" que da cuenta de la importancia del cine como consumo cultural en la época y de la idea de masividad.

El tópico del ascenso social del mundo del espectáculo es parte de la escena internacional. El modelo de Hollywood y el escenario de Weimar –por nombrar algunos de los ejemplos internacionales más representativos– también se valieron de estas claves en la construcción de imágenes de los sectores populares. El cabaret no era meramente un sótano perdido y sórdido, así como los nuevos bares, boites, y la radio, en el cine argentino recreaban espacios de sociabilidad, de trabajo y de aspiraciones socio-económicas para músicos y artistas.

A star was born –*Nace una estrella* en su traducción al español–, dirigida por William A. Wellman y protagonizada por Janet Gaynor y Fredric March, se estrenó en 1937 y tuvo una gran repercusión internacional. El cine de Hollywood contaba para la época con diversos filmes que narraban los éxitos y fracasos de los artistas de cine. De hecho, esta película tiene una gran similitud con el filme de George Cukor de 1932, *What Price Hollywood?* Sin embargo, ambos filmes tienen un final trágico para las mujeres exitosas, mientras que la película argentina configura otro lugar para estas mujeres del mundo del espectáculo y el entretenimiento.

El personaje de Esther Victoria Blodgett en *A star was born* es una "farmgirl" de Dakota del Norte, huérfana de madre, que con la ayuda económica de su abuela viaja a Hollywood para triunfar como actriz. La partida de la protagonista rompe con el orden del hogar y a partir de allí se enfrenta a una serie de peripecias para conseguir su objetivo profesional. En la pensión a la que se muda, conoce a Danny, un asistente de dirección que la ayuda a contactarse con personas del ámbito del cine. En una fiesta, se encuentra con Norman Maine, una de las estrellas más famosas de Hollywood, y gracias a él consigue ser su coprotagonista en una película. Ambos se enamoran, y la carrera de Esther, que cambia su nombre por el de Vicki Lester, no cesa de cosechar éxitos, mientras que la de Norman va en picada. Se casan y la situación de Norman empeora cada vez más al sentirse en el terreno del hogar, socialmente reservado para las mujeres, y pasando a ser el esposo de Vicki Lester ante los demás. Esta alteración del orden social patriarcal pone en crisis a la pareja y profundiza el alcoholismo de Norman. Buscando una salida, ella resuelve dejar todo por su esposo, pero éste, al enterarse, decide suicidarse. La viuda decide dejar Hollywood pero su abuela llega para impedirlo y se establece un nuevo orden en el que Vicki continúa con su carrera profesional sola.

La idea del sacrificio está presente en ambas historias. En la película estadounidense, desde el inicio se plantea la idea del sufrimiento y el renunciamiento para lograr el éxito. Se traza un paralelo entre la historia de la abuela y la de la protagonista, por el cual la primera conquista la tierra, reproduciendo el discurso de la conquista del Este americano, y la segunda conquista un segundo Este dado por Hollywood. Al igual que su abuela, Vicki perderá a su amor por llegar a la cima. Las mujeres de este filme son mujeres fuertes y luchadoras que pelean por ascender socialmente desde sus propios medios.

Mathew Karush, en su trabajo *The Melodramatic Nation. Integration and Polarization in the Argentine Cinema of the 1930s*, señala las diferencias entre el cine de Hollywood y el argentino con respecto a su capacidad para crear mitos nacionales. Karush, siguiendo a Robert Sklar, plantea que:

> [...] en el contexto de la Gran Depresión y el ascenso del nazismo, los realizadores americanos "vieron la necesidad, casi como un deber patriótico, de revitalizar y reactualizar la mitología cultural" [...] Los nuevos mitos nacionales de Hollywood, tanto los esencialmente progresistas como los conservadores, no fueron fáciles de trasponer al con-

texto argentino [...] el cine argentino fue incapaz de produ-
cir mitos nacionales unificadores de este estilo.[85] (Karush,
2007: 317-318)

El autor, al comparar el filme de Frank Capra *It happened One Night*, de 1934, con la película de Manuel Romero *La rubia del camino*, de 1938, plantea que esta última
rompe con la fantasía del romance interclase hollywoo-
dense al incorporar el universo melodramático típico del
cine argentino del período. Mientras que en las "screw-
ball comedies" se configura la unión de complementarios
opuestos que modela una unión nacional exitosa, el filme
de Romero "[...] presupone un abismo moral infranqueable
entre los ricos y los pobres. Como resultado, la versión
argentina ofrece un mensaje mucho menos convincente
sobre las perspectivas de reconciliación de clase."[86] (Karush,
2007: 321). La mirada sobre la modernidad es ambivalente, ya que Betty, la protagonista de la película de Romero
se rebela contra la autoridad paterna, pero finalmente se
inserta en otro modelo patriarcal antimoderno que refuerza la identidad nacional argentina en esta línea. El autor
propone que el problema para la unidad nacional en estas
representaciones cinematográficas es la incoherencia entre
una visión patriarcal, tradicional de la Argentina junto a un
mensaje populista antielitista. El trabajo de Karush abre un
interesante terreno para pensar la configuración de imágenes de la nación, sin embargo, en esta comparación debe
considerarse que el factor más determinante no está dado
en clave de clase, sino más bien en las oposiciones que se
tejen entre lo nacional y lo extranjero y lo tradicional y lo
moderno. El personaje de *La rubia del camino*, al igual que el
de *It Happened One Nigth*, escapan del control paterno para
casarse con un hombre de clase más baja, pero la primera
debe atravesar una transformación que la hace descender

---

85. La traducción es mía.
86. La traducción es mía.

de clase y "argentinizarse". La película toma muchos íconos de lo argentino que va adoptando Betty como tomar mate, cambiar su nombre al de Isabel para castellanizarse, entre otros. En este sentido, el problema de Betty no es tanto su riqueza como su condición de mujer. No hay un triunfo del pobre o de su moral, sino más bien la imposición del ideario patriarcal rural y tradicional en términos identitarios. Karush plantea que existen elementos transgresores en estos mensajes, empero este antielitismo es sobre un tipo de riqueza que también se halla lejos de la propuesta por la moral católica y por la línea republicana austera propia de las clases altas.

Retomando las ideas de una modernidad vernácula para la cultura de masas de la Argentina de los años treinta, las imágenes de la identidad nacional en comparación con el cine de Hollywood del mismo período no se da en función de una reconciliación de clases, o de la combinación de opuestos complementarios, o bien a partir de una movilidad social que tiene un ascenso real en cuanto a visibilidad y materialidad, sino más bien en la articulación de elementos modernos y tradicionales, en un espacio asimilador de la modernización, al mismo tiempo que de contención y refugio –como señala el trabajo de Tranchini sobre la apropiación del criollismo por parte del cine, mencionado en la introducción de este trabajo–.

Es por ello que Vicki Lester, aún cuando el costo sea muy alto, consigue ascender socialmente por su talento, con la ayuda inicial de los hombres, pero luego se vale por sí misma y se desequilibra la mirada de la sociedad sobre el hogar y los roles femeninos y masculinos en éste. Mientras que los recorridos de Alicia Reyles y Juanita de *Melodías porteñas* tienen características diferentes.

En esta película, la idea de lo moderno y de la técnica recorren todo el relato, desde el nombre de la radio, los automóviles, la escenografía de los departamentos, el dispositivo para disparar a Alicia Reyles, y la caracterización de la cantante misma.

Alicia Reyles, al inicio, es presentada como una mujer moderna que se divorcia en Montevideo, que no tiene problemas en sacarse de encima a la prensa e irse con su amante. Sin embargo, hacia el final volverá a los moldes tradicionales de una dama "respetable". Cuando Alicia sale de firmar el divorcio y le dice a Aguirre, su amante, "soy libre", éste le anticipa que no, que "basta saber lo que yo dispongo para más adelante". La transgresión es rápidamente domada. El problema era que no se trataba del hombre adecuado; no hay una transformación en las relaciones de género. Tras la resolución del conflicto y la aparición de Alicia, ésta se retira y cede su lugar a Juanita, para formar una familia con su nuevo prometido. En este sentido, la película plantea la necesaria transitoriedad de esta vía de ascenso, como un paso para encontrar un marido adecuado y formar un hogar. El verdadero ascenso social sigue siendo a partir de la vía matrimonial en este caso.

La figura paternal de Argüello y la renuncia de Alicia dan cuenta de la contención de la movilidad social y de la vigencia de los parámetros de diferenciación social, así como también de una moral más conservadora. Ahora que Alicia sentará cabeza con Aguirre, y sumará otro capital cultural al que tenía, decidirá retirarse del ámbito público para encontrar la dicha del hogar y el universo familiar.

Las revistas de la época ponen en tensión todo el tiempo el carácter ambiguo de las mujeres modernas. En las entrevistas a las estrellas mujeres, éstas se muestran provocativas y rebeldes muchas veces, pero al mismo tiempo se retrata su vida privada cotidiana de modo sencillo. Esto sucede tanto para las estrellas locales como para las internacionales. Tanto *Sintonía* y *Antena* como *Cinegraf* toman este mismo modelo de representación de los artistas.

Una nota de *Antena* de 1934 a Ada Falcón relata esta mirada ambivalente sobre estas artistas. El periodista comienza contando cómo observaba a la cancionista desde la mirilla de la puerta, y cómo ella acepta el reportaje. Ada es interrumpida por una llamada telefónica que supuestamente realiza su hermana, pero al volver cuenta que se trataba de un admirador. Se retrata una imagen de diva frente a los hombres, con "una legión de admiradores", pero al mismo tiempo el título de la nota es "Un hogar, tener diez hijos, leer mucho y ponerse gorda, son las aspiraciones de Ada Falcón". En la entrevista Ada agrega también "[...] –Siempre he sido muy sencilla aunque alguien suponga lo contrario. Las modas me preocupan poco. Mis colores favoritos son siempre el blanco o el negro, me pinto lo necesario y mi dentadura... / –Perdón Ada. / –¿Qué pasa? / –Dejemos la dentadura quieta...", termina jocosamente el reportero.[87] La sencillez que se describe es ambigua porque por un lado, resalta los valores del hogar y la familia, pero el carácter exagerado de la misma y el chiste sobre el cuidado de la estética y las apariencias profundiza la provocación y la rebeldía ya no como diva pero sí como disruptora de los códigos sociales de lo femenino.

Volviendo al filme, el personaje de Juanita introduce otro elemento más en la configuración de lo moderno en el filme al introducir el pasaje geográfico y simbólico del campo a la ciudad. Juanita viene de un pueblo, como el personaje de Vicki Lester, para triunfar en la gran ciudad. La película toma la antinomia propia de los discursos culturales de la época rural-urbano, donde la ciudad moderna se abría como "[...] escenario de pérdida pero también de fantasías reparadoras." (Sarlo, 2007: 29). Juanita parece tener mucho menos talento que Vicki Lester, y además, por un lado, no se trata del personaje principal del filme y por el otro, responde a cierta caracterización cómica que requiere de torpeza. No obstante, aunque se ve ayudada por Argüello para conseguir su propósito, ella demuestra tenacidad, esfuerzo y constancia. Todos estos valores son positivos y se ven recompensados con la obtención del puesto de Alicia como regalo del destino.

---

87. *Antena*, 3 de noviembre de 1934, año V, N° 193, pág. 5.

Tanto en *A star was born* como en *Melodías porteñas*, el tema de los nuevos empleos y de los nuevos trabajadores de la industria cultural por fuera del sistema de estrellas tiene un lugar importante y una mirada un tanto crítica. Para la misma época, la revista *Cine Argentino* remarcaba que los extras eran una nueva profesión y debían contemplarse sus condiciones de trabajo y salario con el mismo cuidado que aquellos que actúan en primer plano:

> [...] Porque los que se resuelven a desempeñar ese duro trabajo en los sets de filmación, y soportan el sacrificio de horas y horas de extenuante labor y de consumidora espera bajo la luz de los reflectores, no lo hacen simplemente por ganar el jornal convenido, sino por la esperanza de llegar a conquistar una posición definida dentro de un arte que los atrae poderosamente.[88]

En este sentido, las publicaciones, tal como se señaló anteriormente, colaboraban a construir en el imaginario de sus lectores la idea de un ascenso laboral y social a partir del mundo de la radiofonía y el cine. Sobre el final de la nota agrega a modo de aliento: "[...] Darles entre nosotros análoga sensación de posible progreso, abrir de verdad la carrera cinematográfica para los que se resuelven a iniciarla desde los últimos puestos, y considerar con sentido humano y equitativo la retribución económica de la labor de los 'extras'" [...].[89]

Esta nueva carrera abierta al talento tenía ciertos eslabones que iban de la radio al cine, de los extras a los cancionistas y personajes principales.[90]

---

88. "Una situación que debe contemplarse". *Cine Argentino*, 15 de diciembre de 1938, año I, N° 32, pág. 3.
89. Ídem.
90. No obstante, el trabajo de Jorge Rivera remarca el arraigo popular y la simpatía de la audiencia por el radioteatro y cómo "[...] contó también con mecanismos de apoyo y promoción oficiales, que lo equiparaban indudablemente con otras formas literarias y artísticas con mayor prestigio tradicional. Así, por ejemplo, la producción radioteatral mereció hacia 1947 un régimen

Otro de los ejemplos más conocidos del período es la muchacha de *Kilómetro 111*, de Mario Soffici, estrenada en agosto de 1938. En esta película, la sobrina del jefe de la estación del ferrocarril, Ceferino, interpretado por Pepe Arias, sueña con convertirse en una estrella de cine. Este personaje, interpretado por Delia Garcés, quien fue una de las "ingenuas" más famosas de las producciones del período, desde el inicio del filme lleva las marcas de una modernidad de carácter extranjerizante. La fascinación por el cine de Yolanda está dirigida a Hollywood principalmente. El lugar del cine en la película no es nacional, sino internacional, el cine aparece en algún punto como marca de lo extranjero. Cuando llega del cine, ella y su amiga hablan en inglés, se interesan por la moda, consumen revistas de cine y juegan a pertenecer a un mundo que imaginan ideal, cocinando el menú de Greta Garbo. "¿Lentes negros?", pregunta Yolanda. "Sí, están de gran moda, ¿no has visto las revistas? Lentes negros y un pañuelo en la cabeza", contesta su amiga Jacinta.

Su amiga también le dice: "¡Qué gran artista serías si no vivieses en este pueblo!", cuando leen el anuncio de la Academia Cinematográfica Hollywood en Buenos Aires. A diferencia de Juanita y de Vicki, Yolanda se encuentra con un par de estafadores, y encima uno de ellos comienza a acosarla. Su tío llega justo para salvarla de las manos del dueño de la Academia y la lleva de vuelta al pueblo donde se encuentra con su candidato, Nicanor, un muchacho del pueblo, sencillo, que quiere casarse con ella, en un recorrido mucho más similar a la literatura folletinesca de la década precedente. La idea de cultura en la película también se enmarca en la oposición campo-ciudad. La fiesta del pueblo se despliega de modo sencillo, con bailes del folklore rural. Los personajes de Yolanda y Jacinta se presentan ridícula-

---

particular de premios y estímulos discernidos por la Comisión Nacional de Cultura, y hacia 1949, en cumplimiento de la Ley 11.723 (artículo 69, inciso a), se otorgaba un premio de $1000 a la mejor novela episódica, otro a la mejor pieza radioteatral unitaria y otro de igual monto, a la mejor obra en serie de carácter humorístico." (Rivera, 1981: 587).

mente sofisticados frente al pueblo, resaltándose positivamente los valores simples rurales. No obstante, los deseos
de las dos muchachas también subrayan la monotonía y la
falta de oferta cultural de los pueblos.

En relación a las representaciones de los consumos
culturales y del entretenimiento, de la radio y del cine en los
ámbitos rurales, éstas se construyen de un modo ambiguo.
Si el cine es extranjero y lleva a perderse en las luces de la
ciudad a Yolanda, la radio se resalta como positiva, ya que
amplía el acceso a la información. En la discusión sobre el
precio del trigo, el jefe dice "desde que se metió la radio en el
campo no hace más que mandar bolazos". Esto permite infe-
rir el carácter masivo de la radio y una crítica a la mirada de
la elite sobre la democratización de la información para las
clases rurales subalternas, sujeto social y político que en la
película está retratado con fuerza y capacidad de acción.

Hermann Herlinghaus en su análisis sobre la imaginación melodramática para pensar la modernidad, no aquella
de la ciudad letrada, sino la que viene de la mano de "las
tecnologías y los formatos de la imagen audiovisual" (Herlinghaus, 2002: 21), retomando a Barbero, señala que "[...]
En el centro del melodrama –como rito de iniciación de
la modernidad– se encuentra la subjetividad femenina que
busca una identidad emocional (sexual) en un doble intento
de liberación y conformismo." (Herlinghaus, 2002: 28). Este
autor remarca la importancia de comprender el lugar del
melodrama en una modernidad heterogénea latinoamericana y de la validez del modelo gramsciano por el cual la
dimensión afectiva melodramática es central para pensar
una estética popular democrática en un proyecto de Nación.

En este sentido, si las transgresiones en las historias de
Hollywood encontraron reconciliaciones de clase y acepta-
ciones para la unidad nacional, las transgresoras argentinas
tuvieron un lugar sino ambiguo, contenido. Las representaciones del recorrido físico-geográfico y simbólico en los
sueños de ascenso de clase del cine argentino, de este modo,
presentaron una movilidad social parcial que mejoraba la

situación socio-económica de los sectores populares, pero que no rompía con las marcas de distinción de los sectores más altos de la sociedad.

* * *

El dispositivo cinematográfico construyó diferentes imágenes de la nación y de las identidades populares, verosímiles para su audiencia, al mismo tiempo que exitosas en sus estrategias de venta. Por un lado, al *star system* se agregaba una política de búsqueda de nuevos talentos que acercaba la idea estelar al gran público, así como fortalecía la convergencia intermedial. Por el otro, las narrativas de estas películas consolidaban la metáfora de la popularización de las vías de ascenso socio-económico, diferentes –y hasta enfrentadas– al matrimonio y las profesiones liberales, que eran los caminos consagrados de los sectores altos de la sociedad y del proyecto estatal educativo de principios de siglo. No obstante, el propio discurso cinematográfico fue también el que marcó los límites de la ruptura, y en medio de acaloradas discusiones y diferencias, sus voces más representativas buscaron construir nuevos parámetros de distinción, de lo vulgar, y de lo nacional y moderno.

En la década precedente, el tópico del juvenilismo ligado a las ideas de lo nuevo y lo moderno para percibir una realidad que se presentaba en constante transformación, había sido de suma importancia en los discursos artísticos e intelectuales, que circularon no solo en ámbitos reservados a la cultura o las vanguardias, sino que por sus propias características también lo hicieron en la prensa popular y espacios de la cultura de masas. Estas generaciones percibieron a sus antecesores como parte de un campo cultural estanco. Sin embargo, la apropiación del cine sonoro de las diferencias generacionales, como experiencia moderna, no consistió en un cambio generacional radical. Por el contrario, se privilegiaron las imágenes de conciliación generacional a partir de las reglas genéricas que restableciesen el orden y la armonía. Por causa de sus propias reglas y por la ilusión de hablarle a todos, el cine asimiló las transgresiones y rupturas, al mismo tiempo que las contuvo.

El tango de la radiofonía se presentaba como un espacio de posibilidades de crecimiento y trabajo. En esta dirección, una de las transformaciones más importantes se dio en las representaciones de las relaciones de género. El pasaje de las milonguitas a las cancionistas de radio implicó la consideración de una dimensión trabajadora de estas mujeres que las puso en una situación de más igualdad frente a los hombres. Ya no se trataba de una marca estigmatizante, sino de un trabajo honrado para hombres y mujeres de los sectores populares, teñido de una aureola de prestigio para las clases medias y bajas, así como de cierta relevancia nacional al percibirse como parte de las redes de sentido de la identidad cultural argentina. Como se observaba en el caso de *Melodías porteñas*, estas nuevas carreras abiertas al talento se enmarcaban dentro de ciertos estratos sociales, ya que al mismo tiempo se contenía la movilidad social dentro de ciertos parámetros en cuestiones de distinción social. Alicia Reyles tras conseguir el éxito, tener cierta posición social y volver a casarse "bien", deja su vida como artista, idea circulante en varios de los filmes de Libertad Lamarque.

El cine de la época construyó una imagen de sí mismo y del entramado industrial del cual surgía en sus propias películas. Se presentó ante su público como la ventana abierta al mundo de las industrias culturales, quiso contarle a su audiencia que era capaz de mostrarlo todo, desde cómo era la prensa, cómo se construían las estrellas, quiénes eran sus trabajadores, cómo eran sus vidas, sus problemas de financiamiento, sus rencillas internas, a su inquietud por la técnica. No obstante, no podría decirse que se haya tratado de un pecado narcisista. Por el contrario, el cine en este "hablar de sí mismo y del entretenimiento" encontró una estrategia comercial rentable que le permitió constituirse en una industria sustentable y sostenida en sus primeros años.

Epílogo

Un backstage de sí mismo

Este ensayo se propuso reflexionar sobre la conformación del campo cinematográfico, la situación del mercado local y regional y las representaciones que se crearon en las primeras películas nacionales, a partir de su elemento fundamental –aunque controversial– para la nacionalización, popularización y masificación del cine argentino, como lo fue el tango.

El tango articuló las diferentes esferas de producción y distribución de los primeros filmes argentinos y fue un factor clave en la configuración de las representaciones de la argentinidad y la modernidad del cine nacional, tanto desde una lógica comercial como cultural.

Como se ha visto, desde la década precedente la radio había consolidado un modelo económico privado con financiamiento publicitario, orientado al entretenimiento, con un sistema de estrellas local, que prontamente se convirtió en el principal capital de estas empresas, cuando no en el único. Estos primeros estudios de cine buscaron un modelo de producción que les permitiese proporcionar ganancias en el corto plazo, diversificar sus negocios, maximizar sus recursos y minimizar los riesgos. La mayoría de los inversores de estas empresas no pertenecieron a los principales grupos empresariales o a las familias tradicionales de la oligarquía, sino que se trató de capitales modestos que para mantenerse en el mercado tuvieron que desarrollar diferentes estrategias al son del modelo norteamericano. El modelo de convergencia industrial entre la radio y el cine se convirtió, así, en la respuesta a una necesidad concreta de ambas industrias y permitió retroalimentar una red de consumos culturales, frente a un Estado que no colocó como prioridad en la agenda política tomar un rol motor en estas industrias. Las políticas de fomento y censura se enfocaron al saneamiento de los contenidos culturales y las prácticas del entretenimiento. En este sentido, podría decirse que éste ha sido el único modelo posible, al mismo tiempo que era el que se desarrollaba en otras cinematografías con grandes resultados.

Estas empresas fueron delineando un oyente-espectador-lector ideal como parte de un proceso bilateral entre la producción y el consumo, y de esta manera se fueron transformando las prácticas del consumo cultural y del entretenimiento. Como se ha señalado, las dos estrategias principales que se desarrollaron estuvieron ligadas al consumo de las estrellas del espectáculo en diferentes dispositivos, y a una interpelación al público para que dejase de ser mera audiencia y se convirtiera en protagonista.

La participación del público se constató en las revistas a través de la publicación de cartas, preguntas y numerosas secciones de opinión. Es probable que varias de estas cartas hayan sido orquestadas por las propias publicaciones, lo cual indicaría que las revistas proponían a sus lectores modelos y fórmulas de participación. La otra estrategia de interpelación a la audiencia estuvo dada por el aliento constante a presentarse en audiciones y concursos para la búsqueda de nuevos talentos, a través de su promoción, de consejos a los lectores sobre cómo presentarse, por medio de notas sobre los debuts y sobre las pequeñas historias de éxito. Esta política de nuevos talentos era complementaria a la del sistema de estrellas, ya que la primera se sustentaba en el horizonte de la segunda. La potencialidad de ser la próxima gran estrella alimentaba los sueños de hombres y mujeres corrientes.

La reconstrucción realizada de las diferentes posturas sobre el debate de las políticas industriales, comerciales y culturales demuestran que las revistas especializadas buscaron ser un espacio de intervención e injerencia en la discusión pública sobre los mecanismos de regulación del cine. Aunque sin duda, resultaría exagerado plantear que todos estos hombres de industria y las publicaciones hubieran tenido un proyecto cultural definido sobre cuáles debían ser los rasgos del cine nacional, o bien una postura programática en torno a la cultura popular y masiva. Se ha remarcado que el discurso de Pessano combinaba una postura conservadora en la regulación de contenidos con un marcado interés por el progreso artístico del cine y el desarrollo de la industria, en tanto proyecto cultural. Es decir, que sus reclamos y, luego su gestión, se refirieron a la industria en términos culturales. Mientras que, en contrapartida, hombres de industria como Chas de Cruz y Antonio Ángel Díaz, pensaron al cine desde una lógica comercial también, y es por ello que su posición frente al tango como clave para el desarrollo de la industria no tendría una postura lineal. El tango era una forma de consolidarse en el mercado local y latinoamericano, y desde aquí fomentaron el debate sobre las políticas de producción y distribución del cine argentino en el mercado local y continental. Este tipo de exportación de filmes hacía más productivos los negocios, ya que en los países vecinos se alentaba el mismo tipo de producción a partir de melodramas y comedias protagonizadas por estrellas de la radiofonía y la música popular. De este modo, estas películas llegaban a un público acostumbrado a estos géneros y ansioso de novedades.

Las imágenes extranjeras del tango también fueron influyentes e inspiradoras en la construcción de las locales, ya sea para diferenciarse o para copiar fórmulas exitosas. La música fue fundamental en la cantera de sentidos de la nacionalidad, y la industria cinematográfica supo ver el valor comercial de ello desde sus inicios. La llegada del sonido intensificó el valor de la música para el desarrollo de géneros cinematográficos y como materia prima temática. Con el objetivo de mantener su preeminencia en el mercado, Hollywood comenzó a desarrollar producciones hispanohablantes con tópicos y referencias regionales, dentro de las cuales los ejemplos de las producciones de la Paramount protagonizados por Carlos Gardel tuvieron una gran resonancia para las futuras producciones argentinas. Estos filmes norteamericanos delinearon tipos más híbridos de lo nacional en la construcción de un público hispanohablante común o transnacional, así como para traducirlos a la audiencia anglosajona ávida de imágenes exóticas.

Aún cuando el cine argentino adoptó las fórmulas de éxito del extranjero, puede decirse que frente a la matriz desterritorializada para una audiencia transnacional hispanoamericana de los filmes de Hollywood, las películas argentinas buscaron sus versiones locales y construyeron sus propias historias del tango ancladas en la historia nacional y con una marcada pretensión de autenticidad. En esta dirección, las películas argentinas buscaron delinear historias de sacrificio, evolución y éxito para el tango, donde el reconocimiento internacional coronaba esta carrera. Sin embargo, los textos fílmicos nacionales cuidaron celosamente las representaciones de la patria frente al extranjero, donde la nación siempre fue el lugar del trabajo y la felicidad.

El tango aparecía vinculado a una historia del esfuerzo, en la misma retórica del tópico del trabajo inmigrante. El *ethos* del trabajo ligado al desarrollo de la nación recorrió muchas producciones de la época. La narrativa cinematográfica comenzó a privilegiar historias de personajes honrados, trabajadores y sacrificados en pos del progreso y evolución del tango como sinónimo de la cultura y el arte argentinos. En el cine, el tango de la radio se presentaba como un espacio de posibilidades de crecimiento y trabajo, en contrapartida con las letras de muchos tangos de la época que reflejaron la situación de crisis económica-social de los años treinta.

Así, a las representaciones del arrabal y el cafetín propias de la literatura de los años veinte, el cine sumó nuevas imágenes que estuvieron conformadas por el universo de las industrias culturales, especialmente el de la radio. El tango en este cine dialogó con elementos de la técnica y la modernidad, así como con la idea de la evolución de la canción criolla como marca de una argentinidad popular y moderna.

El dispositivo cinematográfico construyó imágenes verosímiles para su audiencia, al mismo tiempo que exitosas en sus estrategias de venta. El mundo del espectáculo se representó en estas películas como una nueva carrera abierta al talento para las nuevas generaciones. Se ha dicho que la brecha generacional se presentó como una de las claves que vehiculizaron las ambigüedades e hibrideces de la modernidad primitiva de la Argentina. En los años veinte, el campo intelectual y cultural había cultivado el juvenilismo ligado a las ideas de lo nuevo y la modernidad en función de una imagen estanca y poco dinámica de sus predecesores. Sin embargo, en el cine de la década siguiente, la apropiación de las diferencias generacionales como experiencia moderna no se constituyó en un cambio generacional radical, sino que privilegiaron aquellas imágenes conciliatorias funcionales a las reglas de los géneros cinematográficos.

Entonces, estas historias consolidaron la metáfora de la popularización de las vías de ascenso socio-económico, diferentes a las consagradas por los sectores altos de la sociedad y los proyectos educativos estatales de principios de siglo. Sin embargo, como parte de la dinámica de todos los procesos de apertura social y simbólica, el propio discurso cinematográfico fue también el que marcó los límites de la ruptura, y en medio de acaloradas discusiones y diferencias, sus voces más representativas buscaron construir nuevos parámetros de distinción, de lo vulgar, y de lo nacional y moderno. Las reglas del dispositivo y una política industrial de géneros llevaron a que el cine asimilara las transgresiones y quiebres, al mismo tiempo que los contuviera.

Por otra parte, el análisis formal de estas películas demostró que el cine también tuvo la inquietud estética por mostrarse moderno. La preocupación por los recursos de montaje, el vestuario y las escenografías, con el ingreso de artistas plásticos a este rubro, y el surgimiento de nuevos oficios, dan cuenta del interés de mostrar una Buenos Aires moderna al compás de la moda y la modernidad.

En cierto sentido, el cine se presentó ante la audiencia como la ventana abierta al mundo de las industrias culturales, con una enunciación transparente, capaz de mostrarlo todo, desde cómo era la prensa, cómo se construía el sistema de estrellas, quiénes eran sus trabajadores, quiénes sus patrones, cómo eran sus vidas, sus problemas de financiamiento, sus rencillas internas, a su inquietud por la técnica y por ser una industria moderna; como una suerte de *backstage* de sus condiciones de producción y de lo que esperaba del público. Y fue, en este "hablar de sí mismo y del entretenimiento", en la construcción de autoimágenes de la industria cultural en el país, donde encontró una estrategia comercial rentable en los primeros años del sonoro. En sus propios universos halló sus condiciones de sustentabilidad. Este modelo se transformaría con la llegada del peronismo que buscó tener una política más activa en cuanto a la regulación del cine en el marco de un Estado interventor en un sentido amplio. No obstante, sus bases principales llegarían hasta nuestros días.

Fuentes y bibliografía

I. Fuentes

a. Filmografía

Romantic Argentina (James FitzPatrick, 1932).
Los tres berretines (Enrique Telémaco Susini, 1933).
Ídolos de la radio (Eduardo Morera, 1934).
El tango en Broadway (Louis Gasnier, 1934).
Tango Bar (John Reinhardt, 1935).
El alma de bandoneón (Mario Soffici, 1935).
Radio Bar (Manuel Romero, 1936).
Los muchachos de antes no usaban gomina (Manuel Romero, 1937).
A star was born (William A. Wellman, 1937).
Melodías porteñas (Luis José Moglia Barth, 1937).
Kilómetro 111 (Mario Soffici, 1938).
La vida es un tango (Manuel Romero, 1939).

b. Publicaciones periódicas

Antena (años 1934, 1935, 1939).
Cine Argentino (años 1938, 1939).
Cinegraf (años 1933, 1934, 1935, 1936).
Heraldo del Cinematografista (años 1933, 1934, 1935, 1936, 1937, 1938, 1939).
Radiolandia (años 1940, 1941).
Sintonía (años 1933, 1934, 1935, 1936, 1937, 1938, 1939).

c. Leyes y estadísticas

Decreto Nacional 98.998.
Ley Nacional 12.338.
Ordenanza S 9-XII-910, art. 198.
Ordenanza S 9-XII.910, P 19-XII-910, art. 230, art. 231 y art. 232.
Ordenanza 9043, art. 4.
Ordenanza 8855/9523, S 10-XII-937, P 27-VI-938.
Ordenanza 7307 (BM 4279), S 15-XII-935, P 8-I-936, art.3.
Ordenanza 9043, S 21-XII-937, P 12-I-938, art. 1.
Revista de Estadística Municipal de la Ciudad de Buenos Aires (años 1933-1939).

II. Bibliografía

a. Bibliografía de cine

Altman, R. (2000). *Los géneros cinematográficos*. Barcelona, Paidós Comunicación.

Berardi, M. (2006). *Vida imaginada. Vida cotidiana y cine argentino 1933-1970*. Buenos Aires, Ediciones del Jilguero.

Bordwell, D. (1997). *El cine clásico de Hollywood*. Barcelona, Paidós.

Bordwell, D. (1996). *La narración en el cine de ficción*. Barcelona, Paidós.

Campodónico, H. (2005). *Trincheras de celuloide*. España, Universidad de Alcalá.

Di Núbila, D. (1959/60). *Historia del cine argentino. Tomos I y II*. Buenos Aires, Edición Cruz de Malta.

Echart Orus, P. (2005). *La comedia romántica del Hollywood de los Años 30 y 40*. Madrid, Cátedra.

España, C. (dir.) (2000). *Cine argentino industria y clasicismo 1933-1956*. Buenos Aires, Fondo Nacional de las Artes.

España, C. y Manetti, R. (1999). "El cine argentino, una estética especular: del origen a los esquemas", en Burucúa, J. E. (dir.). *Nueva Historia Argentina. Arte, sociedad y política*, vol. II. Buenos Aires, Sudamericana.

Herlinghaus, H. (2002). *Narraciones anacrónicas de la modernidad. Melodrama e intermedialidad en América Latina*. Santiago de Chile, Cuarto propio.

Karush, M. (2007). "The Melodramatic Nation: Integration and Polarization in the Argentine Cinema of the 1930s" en *Hispanic American Historical Review* 87:2, págs. 293-326.

Kriger, C. (2011). "Del periodismo a la historia: Alex Viany y Domigo Di Núbila" en *Adversus*, diciembre de 2011, año VIII, N° 21, págs. 85-100.

Kriger, C. (2009). *Cine y peronismo. El estado en escena*. Buenos Aires, Siglo XXI.

Kriger, C. (dir.) (2003). *Páginas de cine*. Buenos Aires, Archivo General de la Nación.

Kriger, C. (2002). "Cinegraf y su relación con el cine nacional" en *V. Jornadas Estudios e Investigaciones. Instituto de Teoría e Historia del Arte "Julio E. Payró"*. Facultad de Filosofía y Letras. Buenos Aires, Universidad de Buenos Aires, págs. 191-201.

Lusnich, A. L. (2007). *El drama social-folklórico: el universo rural en el cine argentino*. Buenos Aires, Biblos.

Lusnich, A. L. y Piedras, P. (ed.) (2009). *Una historia del cine político y social en Argentina (1896-1969)*. Buenos Aires, Nueva Librería.

Mallimaci, F. y Marrone, I. (1997). *Cine e imaginario social*. Buenos Aires, Universidad de Buenos Aires.

Maranghello, C.; Tranchini, E.; Díaz, E. (1999). *El cine argentino y su aporte a la identidad nacional*. Buenos Aires, Faiga.

Marrone, I. y Moyano Walker, M. (2006). *Persiguiendo imágenes*. Buenos Aires, Ediciones del Puerto.

Oroz, Silvia (1995). *Melodrama. El cine de las lágrimas en América Latina*. México DF, UNAM.

Paranaguá, P. A. (2000). *Le cinéma en Amérique Latine: le miroir éclaté. Historiographie et comparatisme.* París, L'Harmattan.

Pavis, Patrice (2000). *El análisis de los espectáculos. Teatro, mimo, danza, cine.* Barcelona, Paidós Ibérica.

Pérez Rubio, P. (2004). *El cine melodramático.* Barcelona, Paidós Ibérica.

Sadlier, D. (ed.) (2009). *Latin American Melodrama. Passion, Pathos and Entertainment.* Urbana, University of Illinois Press.

Singer, B. (2001). *Melodrama and Modernity. Early Sensational Cinema and its Contexts.* Nueva York, Columbia University Press.

Singer, B. (1995). "Modernity, hiperstimulus, and popular sensationalism" en Charney, L. y Schwartz, V. (eds.) *Cinema and the Invention of Modern Life.* California, University of California Press.

Spadaccini, S. (2012). "Carlos Alberto Pessano, de la opinión a la gestión" en *Imagofagia. Revista de la Asociación Argentina de Estudios de Cine y Audiovisual,* N° 5. www.asaeca.org

Tossounian, C. (2010). "The Body Beautiful and the Beauty of Nation: Representing Gender and Modernity (Buenos Aires 1918-1939)", tesis doctoral, European University (sin publicación).

Tranchini, E. (2000). "El cine argentino y la construcción de un imaginario criollista (1915-1945)" en *Entrepasados,* N° 18/19, págs. 113-141.

b. Bibliografía de tango

Aisemberg, A. (2005). "Prácticas de cruce en las obras de Manuel Romero: tango, teatro, cine y deporte" en *Cuadernos de Cine Argentino,* N° 6, INCAA, marzo.

Armus, D. (2000). "El viaje al centro. Tísicas, costureritas y milonguitas en Buenos Aires, 1910-1940", en Boletín del Instituto de Historia Argentina y Americana Dr. Emilio Ravignani, 3° serie, N° 22, págs. 101-124.

Cáceres, J. C. (2010). *Tango negro. La historia negada: orígenes, desarrollo y actualidad del tango.* Buenos Aires, Editorial Planeta.

Campodónico, H. y Gil Lozano, F. (2000). "Milonguitas en-cintas", en Gil Lozano, Fernanda; Pita, Valeria; Ini, María Gabriela. *Historia de las mujeres en Argentina.* Tomo II. Buenos Aires, Editorial Taurus, págs. 136-153.

Cañardo, M. (2011). "Cantantes, orquestas y micrófonos. La interpretación del tango y la tecnología de grabación" en *Revista Afuera. Estudios de Crítica Cultural,* mayo 2011, N° 10.

Couselo, J. (1969). *El Negro Ferreyra: un cine por instinto.* Buenos Aires, Freeland.

Couselo, J. (1977). "El tango en el cine" en *La historia del tango.* Tomo 8 "El tango en el espectáculo (1)". Buenos Aires, Corregidor.

D'Lugo, M. (2007). "Gardel, el film hispano y la construc-ción de la identidad auditiva" en Jean-Claude Sequin y Nancy Berthier (coords.). *Cine, Nación(es) y nacionalida-des(es) en España,* págs. 147-164.

Garramuño, F. (2007). *Modernidades primitivas: tango, samba y nación.* Buenos Aires, Fondo de Cultura Económica.

Gil Lozano, F. (2006). "Las mujeres, el tango y el cine" en *Nuestra América,* agosto-diciembre, N° 2, págs. 198-210.

Goyena, H. (1998). *El tango en el cine argentino. Período 1907-1933.* Buenos Aires, Instituto Nacional de Musico-logía "Carlos Vega".

Insurralde, A. (1995). *Manuel Romero.* Buenos Aires, CEAL.

Matallana, A. (2008). *Qué saben los pitucos. La experiencia del tango entre 1910 y 1940.* Buenos Aires, Prometeo Libros.

Ochoa, P. (2003). *Tango y cine mundial.* Buenos Aires, Edi-ciones del Jilguero.

Ordaz, L. (1977). "El tango en el teatro nacional", en AA.VV. *La historia del tango. El tango en el espectáculo.* Buenos Aires, Corregidor.

Paladino, D. (2002). "El cine en dos por cuatro (en la primera mitad del siglo XX)" en *Revista Archivos de Filmoteca. Generaliat Valenciana*, N° 41, págs. 56-69.

Paladino, D. (1999). "Libertad Lamarque, la reina de la lágrima" en *Revista Archivos de Filmoteca. Generaliat Valenciana*, N° 31, págs. 60-75.

Pujol, S. (1994). *Valentino en Buenos Aires*. Buenos Aires, Emecé.

c. Bibliografía sobre industrias culturales y entretenimiento

Flichy, P. (1991). *Les industries de l'imaginaire. Pour une analyse économique des medias*. Grenoble, Presses Universitaires de Grenoble.

González Velasco, C. (2012). *Gente de teatro. Ocio y espectáculos en la Buenos Aires de los años veinte*. Buenos Aires, Siglo XXI.

Hilmes, M. (1990). *Hollywood and broadcasting: from radio to cable*. Urbana, University of Illinois Press.

Hobsbawn, E. (1999). *Gente poco corriente. Resistencia, rebelión y jazz*. Barcelona, Crítica.

Inzillo, C. (2006). "Las big bands tienen su historia", en Clarín (Espectáculos), 31 de agosto de 2006.

Karush, M. (2012). *Culture of class. Radio and cinema in the making of a divided Argentina, 1920-1946*. Durham and London, Duke University Press.

Mastrini, G. (coord.) (2009). *Mucho ruido y pocas leyes: economía y políticas de comunicación en la Argentina 1920-2007*. Buenos Aires, La Crujía.

Matallana, A. (2006). *Locos por la radio. Una historia social de la radiofonía en la Argentina, 1923-1947*. Buenos Aires, Prometeo Libros.

Mateu, C. (2008). "La producción cinematográfica en un país dependiente. Desarrollo cinematográfico argentino en las décadas del 30 y 40" en XXI Jornadas de Historia

Económica, Asociación Argentina de Historia Económica, Universidad Nacional de Tres de Febrero, 23 al 26 de septiembre de 2008.

McLuhan, M. y Fiore, Q. (1967). *The Medium is the Massage. An inventory of effects.* New York, Bantham Books.

Morin, E. y Adorno, T. W. (1967). *La industria cultural.* Buenos Aires, Galerna.

Rivera, J. (1981). "El auge de la industria cultural (1930-1955)" en *Capítulo*, N° 95, Centro Editor de América Latina, págs. 577-600.

Romano, E. (2012). *Intelectuales, escritores e industria cultural.* Buenos Aires, La Crujía.

Yanow, S. (2004). *Jazz on Film. The Complete Story of the Musicians and Music Onscreen.* San Francisco, Backbeat Books.

d. Bibliografía general

Altamirano, C.; Sarlo, B.; Alabarces, P.; Ford, A.; García Canclini, N.; Barbero, J. M. (2002). *Términos críticos de la sociología de la cultura.* Buenos Aires, Paidós.

Anderson, B. (1993). *Comunidades imaginadas. Reflexiones sobre el origen y la difusión del nacionalismo.* México, Fondo de Cultura Económica.

Archetti, E. (1995). "Estilo y virtudes masculinas en El Gráfico: la creación del imaginario del fútbol argentino" en Revista *Desarrollo Económico*, Vol. 35, N° 139, octubre-diciembre, págs. 419-442.

Armus, D. (2007). *La ciudad impura. Salud, tuberculosis y cultura en Buenos Aires, 1870-1950.* Buenos Aires, Edhasa.

Armus, D. (comp.) (1990). *Mundo urbano y cultura popular. Estudios de Historia Social Argentina.* Buenos Aires, Sudamericana.

Baczko, B. (1991). *Los imaginarios sociales. Memorias y esperanzas colectivas.* Buenos Aires, Nueva Visión.

Bajtín, M. (1989). "Las formas del tiempo y del cronotopo en la novela. Ensayos de poética histórica" en *Teoría y estética de la novela.* Madrid, Taurus, págs. 237-238.

Bourdieu, P. (1989). *La distinción. Criterios y bases sociales del gusto*. Madrid, Taurus.

Cattaruzza, A. y Eujanian, A. (2003). "Héroes patricios y gauchos rebeldes. Tradiciones en pugna" en *Políticas de la Historia Argentina 1860-1960*. Buenos Aires, Alianza.

Chartier, C. (1992). *El mundo como representación. Historia Cultural: entre práctica y representación*. Barcelona, Gedisa.

Criado, E. (2009). "Generaciones/Clases de edad" en Reyes, R. (dir.). *Diccionario Crítico de Ciencias Sociales. Terminología Científico-Social, Tomo 1/2/3/4*. Madrid-México, Universidad Complutense de Madrid, Plaza y Valdés. Consultado el 28 de abril de 2013 en: http://www.ucm.es/info/eurotheo/diccionario/G/generaciones.htm

Delanty, G. (2001). "Nationalism: Between Nation and State", en Ritzer, G. y Smart, B. (ed.). *Hand book of Social Theory*. London, SAGE Publications.

Devoto, F. (2006). *Nacionalismo, fascismo y tradicionalismo en la Argentina moderna. Una historia*. Buenos Aires, Siglo XXI.

García Canclini, N. (1990). *Culturas híbridas: estrategias para entrar y salir de la modernidad*. México, Grijalbo.

Gené, M. (2005). *Un mundo feliz, imágenes de los trabajadores en el primer peronismo, 1946-1955*. Buenos Aires, Fondo de Cultura Económica.

González Leandri, R. (2001). "La nueva identidad de los sectores populares", en Alejandro Cattaruzza (dir.). *Crisis económica, avances del estado e incertidumbre política (1930-1943), Nueva Historia Argentina*, Tomo VII. Buenos Aires, Sudamericana.

Gorelik, A. (1998). *La grilla y el parque. Espacio público y cultura urbana en Buenos Aires, 1887-1936*. Bernal, Universidad Nacional de Quilmes.

Gutiérrez, L. y Romero, L. A. (2007). *Sectores populares, cultura y política. Buenos Aires en la entreguerra*. Buenos Aires, Siglo XXI.

Hobsbawm, E. (1998). *Naciones y nacionalismos desde 1780*. Barcelona, Crítica Grijalbo Mondadori.

Kellner, D. (2001). "Cultural Studies and Social Theory: A Critical Intervention", en Ritzer, G. y Smart, B. (ed.). *Hand book of Social Theory*. London, SAGE Publications.

Losada, L. (2008). *La alta sociedad en la Buenos Aires de la* Belle Époque. *Sociabilidad, estilos de vida e identidades*. Buenos Aires, Siglo XXI.

Martín Barbero, Jesús (1987). *De los medios a las mediaciones: comunicación, cultura y hegemonía*. Barcelona, Gustavo Gili.

Prieto, A. (2006). *El discurso criollista en la formación de la Argentina moderna*. Buenos Aires, Siglo XXI.

Rocchi, F. (1998). "Consumir es un placer: la industria y la expansión de la demanda en Buenos Aires a la vuelta del siglo pasado", en Revista *Desarrollo Económico*, Vol. 37, N° 148, enero-marzo.

Romano, E. (1983). *Sobre poesía popular argentina*. Buenos Aires, Centro Editor de América Latina.

Saítta, S. (1998). *Regueros de tinta. El diario Crítica en la década de 1920*. Buenos Aires, Sudamericana.

Sarlo, B. (2004). *El imperio de los sentimientos*. Buenos Aires, Norma.

Sarlo, B. (2007). *Una modernidad periférica: Buenos Aires 1920-1930*. Buenos Aires, Nueva Visión.

Sarlo, B. (1997). *La imaginación técnica. Sueños modernos de la cultura argentina*. Buenos Aires, Nueva Visión.

Terán, O. (1997). "Modernos intensos en los veinte", en *Prismas. Revista de Historia Intelectual*, N° 1, págs. 91-103.

Troncoso, O. (1971). "Buenos Aires se divierte" en *La historia Popular*, N° 36. Buenos Aires, CEAL.

Vovelle, M. (1985). *Ideologías y mentalidades*. Barcelona, Ariel.

Williams, R. (2001). *El campo y la ciudad*. Prólogo a la edición en español de Beatriz Sarlo. Buenos Aires, Paidós.

www.ingramcontent.com/pod-product-compliance
Lightning Source LLC
Chambersburg PA
CBHW020355270326
41926CB00007B/440